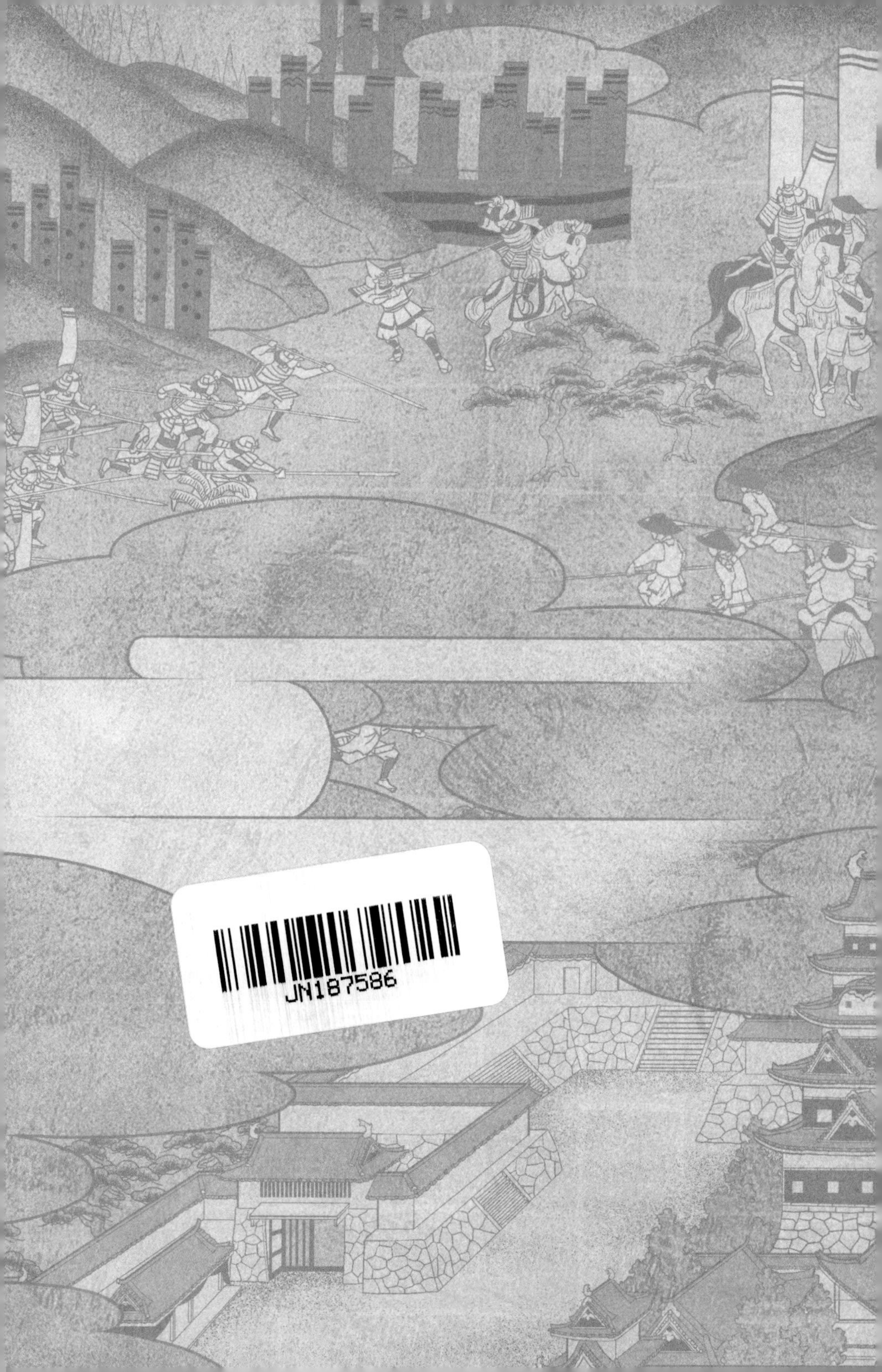

コミック版 日本の歴史53

本多忠勝

戦国人物伝

Tadakatsu Honda

The Legendary Heroes of the Era of Wars

企画・構成・監修：加来耕三

原作：井手窪 剛

作画：かわの いちろう

《おもな登場人物《とうじょうじんぶつ》》

徳川家康《とくがわいえやす》(松平元康《まつだいらもとやす》)

三河国《みかわのくに》の戦国大名《せんごくだいみょう》。今川氏《いまがわし》から独立《どくりつ》して織田信長《おだのぶなが》と同盟《どうめい》を結《むす》び、浅井《あざい》・朝倉連合軍《あさくられんごうぐん》や、武田信玄《たけだしんげん》・勝頼《かつより》父子《ふし》などと戦《たたか》う。幼《おさな》い頃《ころ》から仕《つか》えている忠勝《ただかつ》を深《ふか》く信頼《しんらい》し、またその忠義《ちゅうぎ》に助《たす》けられ、豊臣秀吉《とよとみひでよし》の死後《しご》、天下《てんか》取《と》りをかけた関ヶ原《せきがはら》の合戦《かっせん》にのぞむ。

本多忠勝《ほんだただかつ》

三河国《みかわのくに》に生《う》まれ、幼《おさな》い頃《ころ》から徳川家康《とくがわいえやす》に仕《つか》えた武将《ぶしょう》。幼名《ようみょう》は鍋之助《なべのすけ》、通称《つうしょう》は平八郎《へいはちろう》。名槍《めいそう》・蜻蛉切《とんぼぎり》をたずさえて戦場《せんじょう》を駆《か》け、多《おお》くの武功《ぶこう》を立《た》てた。主君《しゅくん》・家康《いえやす》への忠義心《ちゅうぎしん》は、織田信長《おだのぶなが》や豊臣秀吉《とよとみひでよし》も認《みと》めるほど。のちに、家康《いえやす》を支《ささ》えた徳川四天王《とくがわしてんのう》の一人《ひとり》として名《な》を馳《は》せる。

酒井忠次《さかいただつぐ》

家康《いえやす》の家臣《かしん》。家康《いえやす》の父《ちち》の代《だい》から仕《つか》えており、家康《いえやす》を幼《おさな》い頃《ころ》から支《ささ》えてきた筆頭家老《ひっとうがろう》。徳川四天王《とくがわしてんのう》の一人《ひとり》。

本多忠真《ほんだただざね》

忠勝《ただかつ》の叔父《おじ》。忠勝《ただかつ》の父親代《おやが》わりとして忠勝《ただかつ》を教育《きょういく》。長沢《ながさわ》の戦《たたか》いで、討《う》ち取《と》った敵《てき》の首《くび》を忠勝《ただかつ》に譲《ゆず》ろうとするが断《ことわ》られる。

井伊直政《いいなおまさ》

家康《いえやす》の家臣《かしん》。赤備《あかぞな》えと呼《よ》ばれる赤《あか》い甲冑《かっちゅう》の部隊《ぶたい》を率《ひき》い、「井伊《いい》の赤鬼《あかおに》」の異名《いみょう》で知《し》られている。徳川四天王《とくがわしてんのう》の一人《ひとり》。

榊原康政《さかきばらやすまさ》

家康《いえやす》の家臣《かしん》。忠勝《ただかつ》と多《おお》くの戦《いくさ》をともにした。忠勝《ただかつ》とは同《おな》い年《どし》で、仲《なか》がよかったといわれている。徳川四天王《とくがわしてんのう》の一人《ひとり》。

武田信玄《たけだしんげん》

甲斐国《かいのくに》の戦国大名《せんごくだいみょう》。織田信長《おだのぶなが》打倒《だとう》のために京《きょう》へ向《む》かう途中《とちゅう》、家康《いえやす》を三方ヶ原《みかたがはら》で打《う》ち破《やぶ》るが、まもなく病死《びょうし》する。

武田勝頼《たけだかつより》

信玄《しんげん》の四男《なん》。信玄《しんげん》の病《やまい》により西上《せいじょう》を中止《ちゅうし》するが、信玄《しんげん》の死後《しご》、三河国《みかわのくに》へ侵攻《しんこう》し、織田《おだ》・徳川連合軍《とくがわれんごうぐん》と戦《たたか》うことになる。

石田三成《いしだみつなり》

豊臣秀吉《とよとみひでよし》の家臣《かしん》。秀吉《ひでよし》の死後《しご》、家康《いえやす》を倒《たお》すため諸国《しょこく》に呼《よ》びかけ、十万人《まんにん》に及《およ》ぶ西軍《せいぐん》とともに、関ヶ原《せきがはら》の合戦《かっせん》にのぞんだ。

織田信長《おだのぶなが》

尾張国《おわりのくに》の戦国大名《せんごくだいみょう》。天下統一《てんかとういつ》を目指《めざ》し、家康《いえやす》と同盟《どうめい》を組《く》む。忠勝《ただかつ》を「花《はな》も実《み》もある勇士《ゆうし》」と高《たか》く評価《ひょうか》した。

羽柴《はしば》(豊臣《とよとみ》)秀吉《ひでよし》

織田信長《おだのぶなが》の家臣《かしん》。信長《のぶなが》の死後《しご》、小牧《こまき》・長久手《ながくて》の戦《たたか》いにおいて、家康《いえやす》を守《まも》るため、少《すく》ない手勢《てぜい》で秀吉軍《ひでよしぐん》に立《た》ちはだかった忠勝《ただかつ》の忠義《ちゅうぎ》に感動《かんどう》する。

真田信幸《さなだのぶゆき》(信之《のぶゆき》)

信濃国《しなののくに》の武将《ぶしょう》。忠勝《ただかつ》の娘《むすめ》・小松姫《こまつひめ》と結婚《けっこん》する。関ヶ原《せきがはら》の合戦《かっせん》で徳川方《とくがわがた》につき勝利《しょうり》。敵方《てきがた》の父《ちち》と弟《おとうと》の助命《じょめい》を家康《いえやす》に願《ねが》った。

服部半蔵《はっとりはんぞう》

家康《いえやす》の家臣《かしん》。本能寺《ほんのうじ》の変《へん》の際《さい》、堺《さかい》に滞在中《たいざいちゅう》の家康《いえやす》が国許《くにもと》に戻《もど》る「伊賀越《いがご》え」に同行《どうこう》。家康《いえやす》を護衛《ごえい》した。

コミック版《ばん》 日本《にほん》の歴史《れきし》53
戦国人物伝《せんごくじんぶつでん》
本多忠勝《ほんだただかつ》

もくじ

※この作品《さくひん》は、歴史文献《れきしぶんけん》をもとにまんがとして再構成《さいこうせい》したものです。
※本編《ほんぺん》では、人物《じんぶつ》の年齢表記《ねんれいひょうき》はすべて数《かぞ》え年《どし》とします。
※本編《ほんぺん》では、人物《じんぶつ》の幼名《ようみょう》など、名前《なまえ》を一部省略《いちぶしょうりゃく》しております。

第《だい》一章《しょう》　元康《もとやす》と鍋之助《なべのすけ》

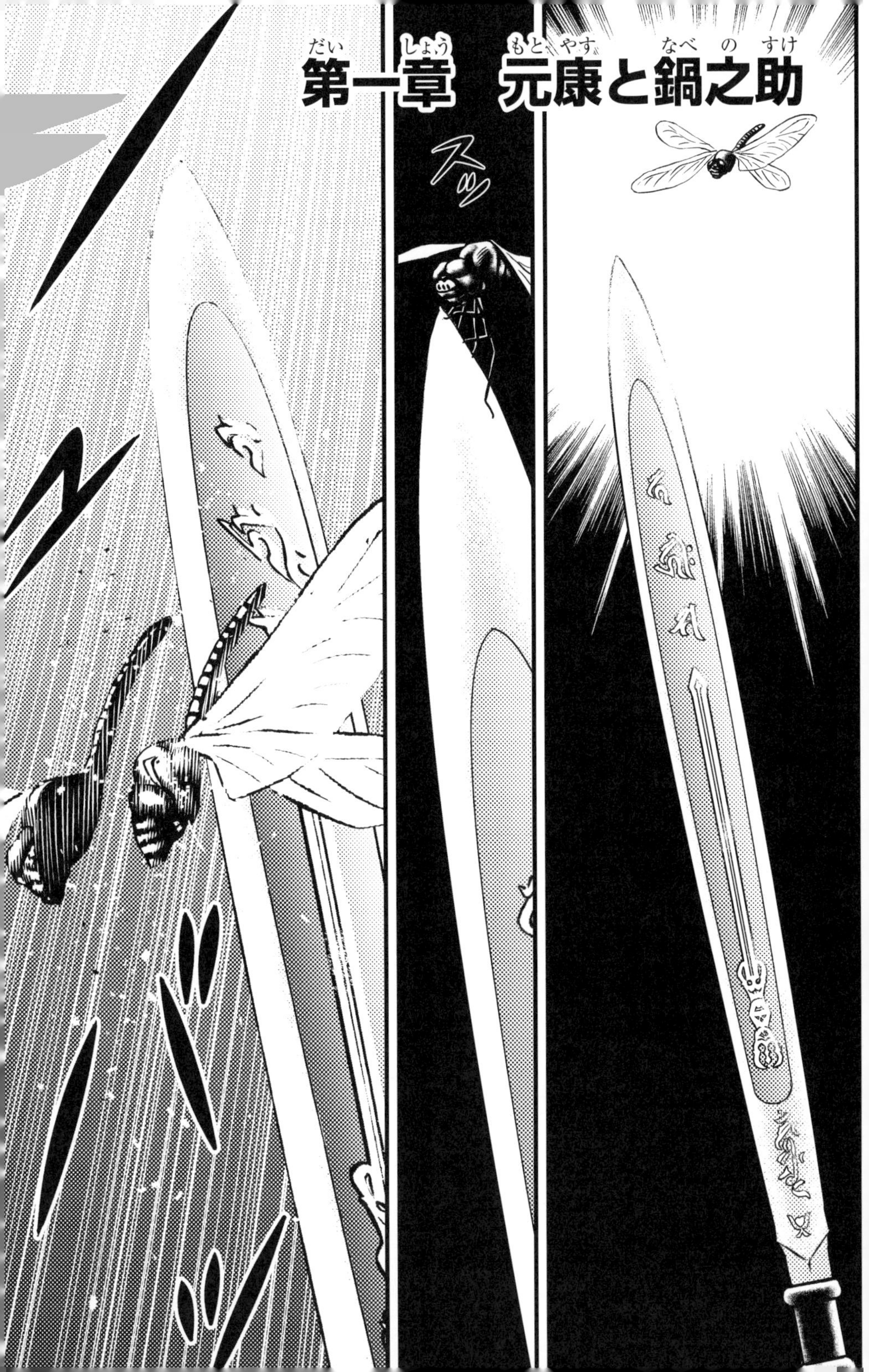

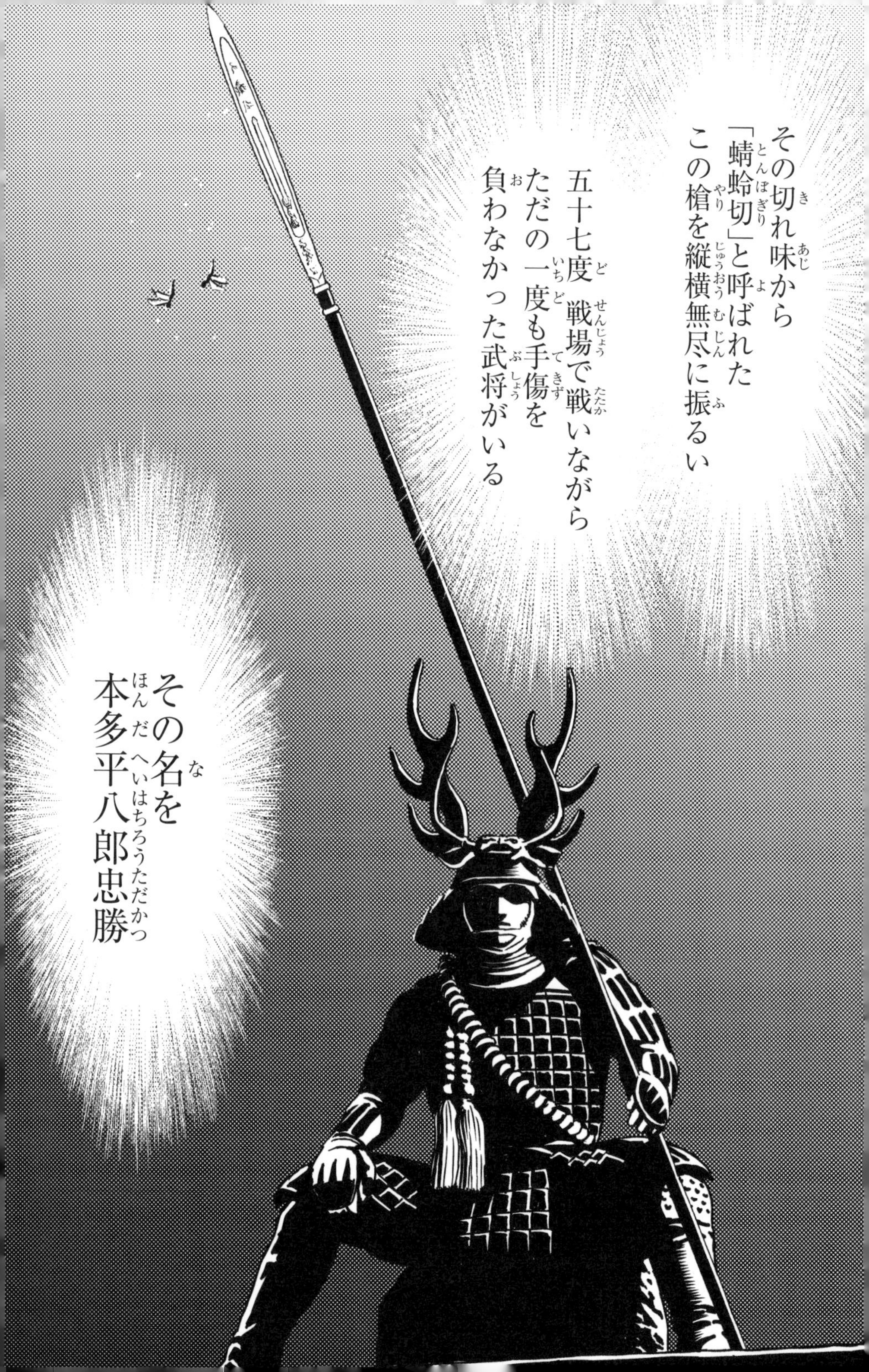

その切《き》れ味《あじ》から
「蜻蛉切《とんぼぎり》」と呼《よ》ばれた
この槍《やり》を縦横無尽《じゅうおうむじん》に振《ふ》るい
五十七度《ど》戦場《せんじょう》で戦《たたか》いながら
ただの一度《いちど》も手傷《てきず》を
負《お》わなかった武将《ぶしょう》がいる
その名《な》を
本多平八郎忠勝《ほんだへいはちろうただかつ》

三河国…現在の愛知県東部

うおりゃ〜っ！
あーあ　鍋之助《なべのすけ》は
年下《としした》のくせに
強《つよ》すぎるよ
必《かなら》ず鍋之助《なべのすけ》が
勝《か》つから
おもしろくないや

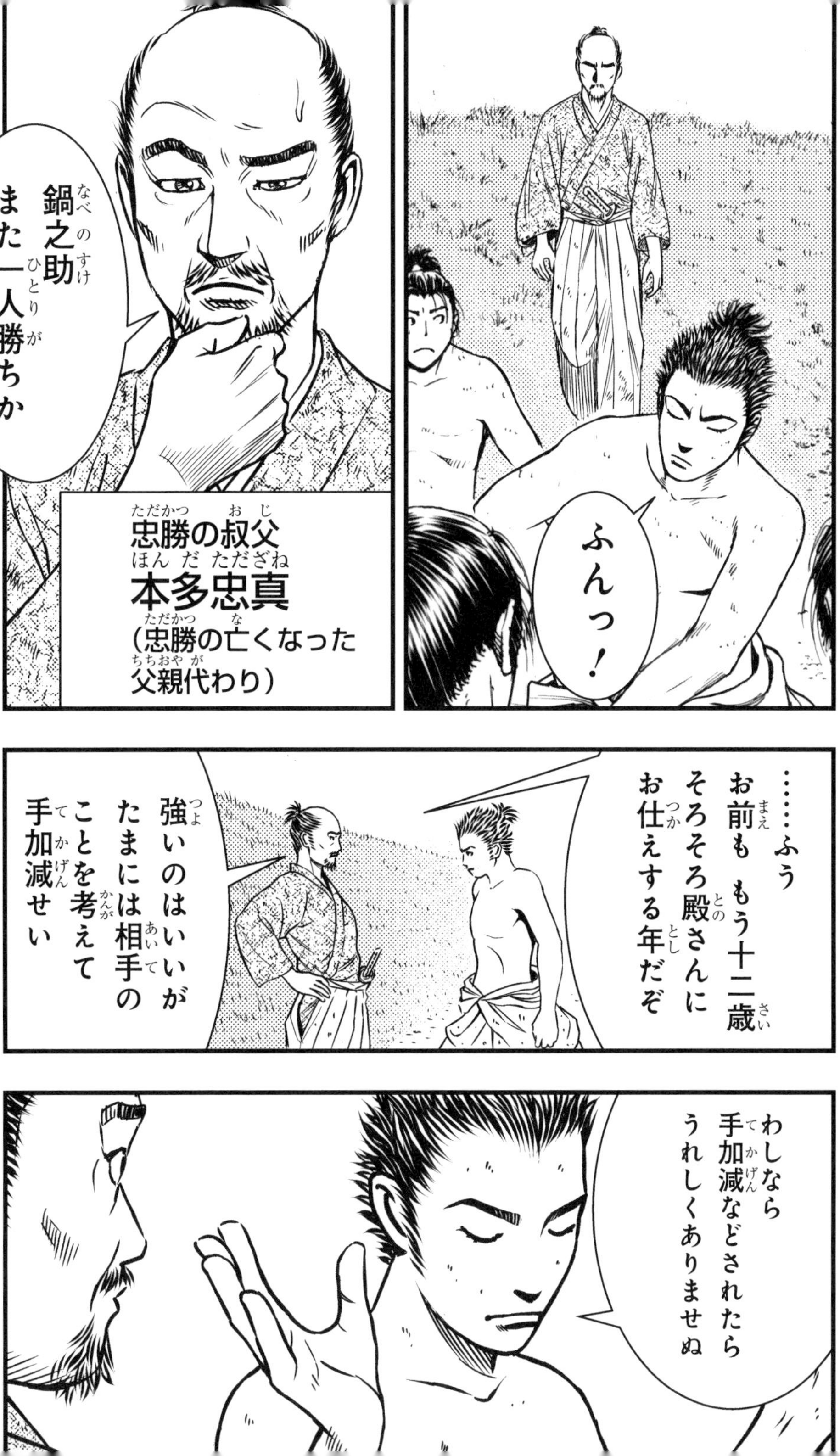
ふんっ!
鍋之助《なべのすけ》
また一人《ひとり》勝《が》ちか
忠勝《ただかつ》の叔父《おじ》
本多忠真《ほんだただざね》
(忠勝《ただかつ》の亡《な》くなった
父親《ちちおや》代《が》わり)
……ふう
お前《まえ》も もう十二歳《さい》
そろそろ殿《との》さんに
お仕《つか》えする年《とし》だぞ
強《つよ》いのはいいが
たまには相手《あいて》の
ことを考《かんが》えて
手加減《てかげん》せい
わしなら
手加減《てかげん》などされたら
うれしくありませぬ

そんなことより……
その殿《との》さんはわしより強《つよ》いのでしょうな？
岡崎城《おかざきじょう》

叔父上《おじうえ》わが殿《との》は三河《みかわ》の主《あるじ》ですよね
当然《とうぜん》じゃ
なのにどうしてこの岡崎城《おかざきじょう》の本丸《ほんまる》には今川《いまがわ》の城代《じょうだい》が納《おさ》まってご自身《じしん》は二の丸《まる》にしか入《はい》れぬのですか？
それに城《しろ》の中《なか》では今川《いまがわ》の家臣《かしん》がいばっているしこれでは まるで松平《まつだいら》は今川《いまがわ》の家来《けらい》……
控《ひか》えよ！鍋之助《なべのすけ》

……だらしない
殿《との》さん
なんだな
三河国《みかわのくに》の松平《まつだいら》は
駿河国《するがのくに》・遠江国《とおとうみのくに》の今川《いまがわ》と
尾張国《おわりのくに》の織田《おだ》という
二《ふた》つの強国《きょうこく》に挟《はさ》まれ
常《つね》にその勢力争《せいりょくあらそ》いに
巻《ま》き込《こ》まれており――
駿河国《するがのくに》
遠江国《とおとうみのくに》
三河国《みかわのくに》
尾張国《おわりのくに》
この当時《とうじ》は
今川《いまがわ》の勢力下《せいりょくか》にあった

そちが鍋之助《なべのすけ》か
たいした腕自慢《うでじまん》だそうじゃな
松平元康《まつだいらもとやす》 18歳《さい》
（のちの徳川家康《とくがわいえやす》）
いえ
そんな……
……ふん
思《おも》ったとおり
ひ弱《よわ》そうな
お坊《ぼっ》ちゃんだ
ズッ

わしを投《な》げ飛《と》ばしてみよ
へ？ そ そんな……
わしは強《つよ》い旗本《はたもと》が欲《ほ》しい そちが噂《うわさ》ほどに強《つよ》いか 確《たし》かめてみたいのじゃ

ゴゴゴ…
これ 鍋之助《なべのすけ》 控《ひか》えよ！

……なっ！

もも もう一番《ばん》……
もうよい
えっ!?
もう一番《ばん》やれば 次《つぎ》は そちが勝《か》つ
……
そちは わしより強《つよ》い だが そちは わしが 弱《よわ》いと思《おも》って慢心《まんしん》した その隙《すき》を突《つ》いて誘《さそ》い 投《な》げたのじゃ

スッ
慢心《まんしん》さえせねば
そちは誰《だれ》にも
負《ま》けぬ
トン
頼《たの》むぞ　鍋《なべ》
戦場《せんじょう》では　わしを
守《まも》ってくれよ
スッ

わが命《いのち》あるかぎり
わしが殿《との》を
お守《まも》りいたします！
うむ

駿河国《するがのくに》
遠江国《とおとうみのくに》
三河国《みかわのくに》
尾張国《おわりのくに》
元服《げんぷく》した平八郎忠勝《へいはちろうただかつ》の初陣《ういじん》は永禄《えいろく》三（１５６０）年《ねん》今川義元《いまがわよしもと》と織田信長《おだのぶなが》の戦《たたか》い――
世《よ》に言《い》う「桶狭間《おけはざま》の合戦《かっせん》」であった
大高城《おおだかじょう》に兵糧《ひょうろう》を入《い》れろとは……あの城《しろ》は織田軍《おだぐん》のまっただ中《なか》ですぞ！
今川《いまがわ》は我《われ》らを捨《す》て駒《ごま》にするつもりか！
ザッ
ザッ

……皆《みな》の者《もの》
今川《いまがわ》どのが　どう思《おも》おうと我《われ》らは捨《す》て駒《ごま》にあらず！
死《し》んではならぬ　生《い》きて　この兵糧《ひょうろう》入《い》れを成功《せいこう》させるのじゃ
酒井忠次《さかいただつぐ》　34歳《さい》
三河武士《みかわぶし》の意地《いじ》を見《み》せてやれ！
オオオオ’’’

平八《へいはち》 貴様《きさま》は
殿《との》のそばにおれ
えっ でも
……
貴様《きさま》は
殿《との》の分身《ぶんしん》よ
殿《との》の代《か》わりに戦《たたか》い
殿《との》の代《か》わりに死《し》ぬのだ
トン
はい！

……皆《みな》すまぬ
殿《との》……
元康《もとやす》は大高城《おおだかじょう》への兵糧入《ひょうろうい》れを見事《みごと》に成功《せいこう》させた
しかし——

肝心《かんじん》の今川義元《いまがわよしもと》が
桶狭間《おけはざま》で織田信長《おだのぶなが》に
討《う》たれてしまう

よ　義元《よしもと》様《さま》が……

殿《との》……
むしろ今《いま》こそ　今川《いまがわ》を離《はな》れる好機《こうき》では……
……うむ！
今川軍《いまがわぐん》はパニックを起《お》こし総崩《そうくず》れとなり敗走《はいそう》
ドォッ

ドオッ
岡崎城《おかざきじょう》からも
引《ひ》き揚《あ》げていった
殿《との》！
うむ 捨《す》てた城《しろ》なら
我《われ》らが拾《ひろ》っても
今川《いまがわ》どのも
文句《もんく》は言《い》うまい
これを機《き》に
元康《もとやす》は岡崎城《おかざきじょう》に戻《もど》り
今川《いまがわ》氏《し》から独立《どくりつ》した

尾張国《おわりのくに》
三河国《みかわのくに》
駿河国《するがのくに》
遠江国《とおとうみのくに》
独立《どくりつ》した元康《もとやす》は
弱体化《じゃくたいか》した
今川方《いまがわがた》の領土《りょうど》を
積極的《せっきょくてき》に
切《き》り取《と》っていく

忠勝《ただかつ》
こやつの首《くび》をやる！
落《お》として初首《はつくび》とせよ！

拾《ひろ》い首《くび》など　要《い》り申《もう》さぬ！
初首《はつくび》は自分《じぶん》で取《と》って参《まい》る！
忠勝《ただかつ》は
この三河国長沢《みかわのくにながさわ》の戦《たたか》いで
見事《みごと》に初首《はつくび》を得《え》る

第《だい》二章《しょう》 唐《から》の頭《かしら》と本多平八《ほんだへいはち》
永禄五《えいろく》（1562）年《ねん》
今川氏《いまがわし》から独立《どくりつ》した元康《もとやす》は
今度《こんど》は尾張国《おわりのくに》の織田信長《おだのぶなが》と
同盟《どうめい》を結《むす》ぶべく清洲城《きよすじょう》を訪《おとず》れる
榊原康政《さかきばらやすまさ》 15歳《さい》
昨日《きのう》の敵《てき》と
今日《きょう》は
同盟《どうめい》するのか……

三河《みかわ》の貧乏侍《びんぼうざむらい》が来《き》たぞ！
ハハハハハハハハ
ハハ
くっ

ズイ
ゴゴ
ゴ・・・
う……

……三河《みかわ》の
貧乏侍《びんぼうざむらい》が
まかりこし
ましたぞ
清洲城《きよすじょう》
……迎《むか》えの者《もの》
から聞《き》いたぞ
なかなか
おもしろいやつを
連《つ》れておるではないか
竹千代《たけちよ》よ

そちは東《ひがし》へ わしは西《にし》へ
ともに領土《りょうど》を広《ひろ》げようぞ
織田信長《おだのぶなが》 29歳《さい》

元康《もとやす》は信長《のぶなが》と
同盟《どうめい》を結《むす》んだ
「清洲《きよす》同盟《どうめい》」の成立《せいりつ》である
こののち元康《もとやす》は
名《な》を家康《いえやす》と改《あらた》める

清洲《きよす》同盟《どうめい》により外交《がいこう》の安定《あんてい》を図《はか》った家康《いえやす》だったが――
永禄《えいろく》六（１５６３）年《ねん》今度《こんど》は三河国内《みかわこくない》で一向一揆《いっこういっき》が起《お》き門徒《もんと》である家康《いえやす》の家臣《かしん》の半数《はんすう》が一揆側《いっきがわ》についた
残《のこ》った者《もの》たちはこれだけか
平八《へいはち》 そちも門徒《もんと》であったな

ただ今《いま》より浄土宗《じょうどしゅう》に宗門《しゅうもん》を改《あらた》め仕《つかまつ》る！
三河侍《みかわざむらい》には仏《ほとけ》の道《みち》より忠義《ちゅうぎ》の道《みち》よ！

お……おおっ！
そうじゃ わしは……松平教《まつだいらきょう》じゃ！
家康宗《いえやすしゅう》に宗旨変《しゅうしが》えじゃ！
わしもじゃ！
……よし！門徒《もんと》たちを一人残《ひとりのこ》らず成敗《せいばい》してくれよう！
おうっ！

……ただし 殺《ころ》してはならぬぞ 生《い》け捕《ど》りにするのじゃ
平八《へいはち》 貴様《きさま》 仏《ほとけ》に槍《やり》を向《む》ける気《き》か！
笑止《しょうし》！ 貴様《きさま》こそ 殿《との》に槍《やり》を向《む》けるのか！

殿《との》も
おられるのか
まずい 逃《に》げろ!
一揆勢《いっきぜい》に加《くわ》わった
家臣《かしん》たちも さすがに
家康《いえやす》に槍《やり》を向《む》けることは
はばかられ——
ドッ
ドッ
結局《けっきょく》 一揆《いっき》は半年《はんとし》ほどで
鎮圧《ちんあつ》され 家臣《かしん》たちは
全員許《ぜんいんゆる》された
岡崎城《おかざきじょう》

そういえば平八《へいはち》 そちは まだ戦場《せんじょう》で 手傷《てきず》を負《お》ったことが ないそうじゃな そちの鎧《よろい》を見《み》せてくれぬか
……承知《しょうち》
……やけに軽《かる》いな
重《おも》くては身軽《みがる》に 動《うご》けませぬ
しかし軽《かる》くては 矢玉《やだま》を防《ふせ》げぬ ではないか

身軽《みがる》でなければ矢玉《やだま》はよけられぬのじゃ どうせ当《あ》たれば死《し》ぬのだから本当《ほんとう》は鎧兜《よろいかぶと》など着《つ》けたくない
しかし それでは格好《かっこう》がつかぬし 向《む》こう意気《いき》ばかり強《つよ》い部下《ぶか》にまねされても困《こま》るでのぉ 形《かたち》ばかりは着込《きこ》んでおるのだ
う〜ん……

三河国内《みかわこくない》の一向一揆《いっこういっき》を鎮圧《ちんあつ》し家康《いえやす》が松平《まつだいら》から徳川《とくがわ》に改名《かいめい》したのちの
元亀元《げんきがん》（1570）年《ねん》家康《いえやす》は同盟相手《どうめいあいて》の織田信長《おだのぶなが》を助《たす》け姉川《あねがわ》で浅井《あざい》・朝倉連合軍《あさくられんごうぐん》と戦《たたか》った
浅井《あざい》・朝倉連合軍《あさくられんごうぐん》
姉川《あねがわ》
織田《おだ》・徳川軍《とくがわぐん》
信長様《のぶながさま》 朝倉軍《あさくらぐん》がわが軍《ぐん》を打《う》ち破《やぶ》り本陣《ほんじん》に迫《せま》っております！
徳川軍《とくがわぐん》も浅井軍《あざいぐん》を相手《あいて》に手一杯《ていっぱい》で 援軍《えんぐん》は寄《よ》こせまい
万事休《ばんじきゅう》すか！

家康《いえやす》が家来《けらい》
本多平八郎忠勝《ほんだへいはちろうただかつ》！
殿《との》に代《か》わり信長様《のぶながさま》へ
ただ今《いま》 馳走《ちそう》に参上《さんじょう》！
ちょこざいな！

蜻蛉切《とんぼぎり》！
なんと　本多平八《ほんだへいはち》
一騎《いっき》駆《が》けとは！

者《もの》ども 忠勝《ただかつ》を……
忠勝《ただかつ》を死《し》なすなぁ!!
おおっ
殿《との》……
一度《いちど》は
信長《のぶなが》の本陣《ほんじん》に迫《せま》った
朝倉軍《あさくらぐん》だったが
徳川軍《とくがわぐん》に横腹《よこばら》を
突《つ》かれたことで
戦《いくさ》の潮目《しおめ》が変《か》わり
浅井軍《あざいぐん》ともども
総崩《そうくず》れとなった

家康《いえやす》どのは じつによい家臣《かしん》を 持《も》たれた
まさに花《はな》も実《み》もある勇士《ゆうし》 家康《いえやす》どのが劉備《りゅうび》なら 忠勝《ただかつ》は張飛《ちょうひ》よ
信長様《のぶながさま》 張飛《ちょうひ》では うれしゅうございませぬ せめて関羽《かんう》にしてください
……なるほど 勇猛一本槍《ゆうもういっぽんやり》ではなく 智略《ちりゃく》もあると申《もう》すのだな
いずれ 見《み》せてもらおう のぉ 関羽《かんう》どの

旧今川領《きゅういまがわりょう》は 家康《いえやす》が遠江国《とおとうみのくに》を
甲斐国《かいのくに》の武田信玄《たけだしんげん》が駿河国《するがのくに》を
分《わ》け取《ど》りとなっていたが――
甲斐国《かいのくに》
駿河国《するがのくに》
遠江国《とおとうみのくに》
三河国《みかわのくに》
尾張国《おわりのくに》
元亀《げんき》三（1572）年《ねん》十月《がつ》
信玄《しんげん》は約《やく》三万《まん》の大軍《たいぐん》で
遠江国《とおとうみのくに》に侵攻《しんこう》し
上洛戦《じょうらくせん》を開始《かいし》した
武田信玄《たけだしんげん》 52歳《さい》

なんたる強《つよ》さ！
口惜《くちお》しいが
とてもかなわぬ

これより我《われ》らは
あの武田軍《たけだぐん》に突入《とつにゅう》し
本隊撤退《ほんたいてったい》の時《とき》をかせぐぞ！
恐《おそ》るる
なかれ！

者《もの》ども死《し》ねやあ！死《し》なば生《い》きる！

ドドド…
……いかん こいつらは死兵《しへい》だ！
武田家《たけだけ》 家臣《かしん》
小杉左近《こすぎさこん》
迎《むか》え撃《う》ってはならん！
おおっ！

ザァァァ
小杉《こすぎ》左近《さこん》と申《もう》す
徳川軍《とくがわぐん》の大将《たいしょう》どの
名《な》をうかがいたい！
本多《ほんだ》平八郎《へいはちろう》忠勝《ただかつ》！

……家康《いえやす》に過《す》ぎたるものが二《ふた》つあり
唐《から》の頭《かしら》と——
本《ほん》多《だ》平《へい》八《はち》！

その後《ご》 家康《いえやす》は 浜松城《はままつじょう》に籠《こも》り 武田軍《たけだぐん》を 迎《むか》え撃《う》とうとするが――
浜松城《はままつじょう》
家康《いえやす》
信玄《しんげん》
信玄《しんげん》は浜松城《はままつじょう》を無視《むし》して 西上《せいじょう》を続《つづ》けようとした
信玄入道《しんげんにゅうどう》は このわしを無視《むし》しおった!
庭先《にわさき》を踏《ふ》み荒《あ》らされて 黙《だま》っておるのは 武士《ぶし》の名折《なお》れ 信長《のぶなが》どのにも 申《もう》し訳《わけ》が立《た》たぬ!
あいや お待《ま》ちを 武田《たけだ》は強《つよ》うございます しかも大軍《たいぐん》 打《う》って出《で》るのは 上策《じょうさく》とは申《もう》せませぬ
わしは引《ひ》かぬ 何《なに》がなんでも出陣《しゅつじん》するぞ!

……わかりました
忠勝《ただかつ》の忠告《ちゅうこく》どおり 家康《いえやす》は
徳川軍《とくがわぐん》の出撃《しゅつげき》を予想《よそう》していた
武田軍《たけだぐん》に迎《むか》え撃《う》たれ
さんざんに打《う》ち負《ま》かされる
しんがりは
それがしが！

すまぬ！
者《もの》ども！この戦《いくさ》は負《ま》けだ！
だが次《つぎ》は我《われ》らの殿《との》が必《かなら》ず武田《たけだ》に勝《か》つ!!

ダッ
行《い》くぞ！
わしについてこい！
応《おう》!!

忠勝隊《ただかつたい》の奮戦《ふんせん》により
家康《いえやす》は無事《ぶじ》 浜松城《はままつじょう》に帰城《きじょう》した
元亀《げんき》三（1572）年――
家康《いえやす》が信玄《しんげん》に大敗《たいはい》した
この戦《たたか》いが 世《よ》に言《い》う
「三方ケ原《みかたがはら》の戦《たたか》い」である

忠勝《ただかつ》 わしは
この失敗《しっぱい》を忘《わす》れぬぞ
この時《とき》 家康《いえやす》が自《みずか》らの戒《いまし》めとして描《えが》かせたと伝《つた》わる絵《え》「しかみ像《ぞう》」は今《いま》も愛知県《あいちけん》名古屋市《なごやし》の徳川美術館《とくがわびじゅつかん》に残《のこ》されている
圧倒的《あっとうてき》な武田軍《たけだぐん》の前《まえ》に滅亡《めつぼう》の危機《きき》に立《た》たされる徳川《とくがわ》だったが――
信玄《しんげん》の病死《びょうし》により武田軍《たけだぐん》は撤退《てったい》家康《いえやす》は九死《きゅうし》に一生《いっしょう》を得《え》た

第《だい》三章《しょう》　決死《けっし》の伊賀《いが》越《ご》え
信玄《しんげん》の死《し》により　一度《いちど》は撤退《てったい》した武田軍《たけだぐん》だが跡《あと》を継《つ》いだ勝頼《かつより》のもと天正《てんしょう》三（1575）年《ねん》五月《がつ》再《ふた》び遠江国《とおとうみのくに》への侵攻《しんこう》を開始《かいし》
織田《おだ》・徳川連合軍《とくがわれんごうぐん》は設楽原《したらがはら》に陣城《じんじろ》を築《きず》き武田軍《たけだぐん》との決戦《けっせん》に備《そな》えた

これはまさに必殺《ひっさつ》の陣《じん》
ここにおびき出《だ》せば
さしもの武田軍《たけだぐん》といえど
壊滅《かいめつ》は必定《ひつじょう》よ
だが　どうやって
おびき出《だ》すか……
それについては
拙者《せっしゃ》に策《さく》が
ございます
ほう
では「関羽《かんう》」どのの
智略《ちりゃく》　拝見《はいけん》しよう

武田軍本陣《たけだぐんほんじん》
殿《との》 織田軍《おだぐん》の佐久間信盛《さくまのぶもり》より当方《とうほう》に内通《ないつう》したいとの密書《みっしょ》が届《とど》きました
さらに「伊勢《いせ》の北畠具教《きたばたけとものり》と近江《おうみ》の佐々木義弼《ささきよしすけ》が信長公《のぶながこう》が京《きょう》を離《はな》れた隙《すき》をうかがい挙兵《きょへい》する」との情報《じょうほう》も……

これはまさに天《てん》が武田《たけだ》に与《あた》えた好機《こうき》ぞ
設楽原《したらがはら》に進撃《しんげき》する！
武田勝頼《たけだかつより》 30歳《さい》

近江《おうみ》…現在《げんざい》の滋賀県《しがけん》。

佐々木義弼《ささきよしすけ》…南近江《みなみおうみ》の戦国大名《せんごくだいみょう》・六角義治《ろっかくよしはる》のこと。

だが この情報《じょうほう》は
忠勝《ただかつ》が小者《こもの》を使《つか》い
流《なが》させた虚報《きょほう》であり――
陣城《じんじろ》に突撃《とつげき》した武田軍《たけだぐん》は
大敗《たいはい》を喫《きっ》する
ヒュウゥ‥

どうした忠勝《ただかつ》 浮《う》かぬ様子《ようす》じゃが ……
こたびの戦《たたか》いで 武田《たけだ》の勇将《ゆうしょう》は ほとんど討死《うちじに》 してしもうた
これからの武田《たけだ》との戦《いくさ》 わしは何《なに》を楽《たの》しみに 戦《たたか》えばよいのか……
武田《たけだ》を滅《ほろ》ぼした信長《のぶなが》は 天正《てんしょう》十（1582）年《ねん》四月《がつ》 駿河国《するがのくに》で 家康《いえやす》の もてなしを受《う》けていた

家康《いえやす》どの 古今《ここん》の英雄《えいゆう》の中《なか》で もっとも 優《すぐ》れているのは 誰《だれ》だと思《おも》う？
上様《うえさま》以外《いがい》に ございませぬ
余《よ》のことはおけ 忠次《ただつぐ》 そちはどうだ？
平清盛公《たいらのきよもりこう》も 足利尊氏公《あしかがたかうじこう》も 上様《うえさま》の足《あし》もとにも 及《およ》びませぬ
平八《へいはち》 そちはどうだ

それは わが主君《しゅくん》徳川《とくがわ》家康《いえやす》以外《いがい》にございませぬ
仁《じん》あつく臣下《しんか》を慈《いつく》しみ戦《いくさ》においては勇猛果敢《ゆうもうかかん》
もし上様《うえさま》がおわさずば間違《まちが》いなく殿《との》が天下《てんか》を取《と》っておりまする

ガハハ…
平八《へいはち》 よくぞ申《もう》した
そちこそ真《まこと》の三河武士《みかわぶし》
天下《てんか》を取《と》ったあかつきには
そちに武蔵国一国《むさしのくにいっこく》を
くれてやろう
ありがたき幸《しあわ》せ

——しかし
この年《とし》の六月《がつ》二日《ふつか》
「本能寺《ほんのうじ》の変《へん》」により
織田信長《おだのぶなが》が明智光秀《あけちみつひで》に
討《う》たれる
明智光秀《あけちみつひで》
その知《し》らせを受《う》けた時《とき》
家康《いえやす》は　わずか三十人《にん》ほどの
供回《ともまわ》りを連《つ》れたのみで
堺《さかい》に滞在《たいざい》していた
この小勢《こぜい》では
無事《ぶじ》に三河《みかわ》へ
帰《かえ》り着《つ》くことは
とうてい　かなわぬ

ならば いっそ 上洛《じょうらく》して光秀《みつひで》と戦《たたか》い そろって討死《うちじに》しよう!
殿《との》!
京《きょう》
伊賀国《いがのくに》
堺《さかい》
三河国《みかわのくに》
間道《かんどう》を抜《ぬ》けて山《やま》を越《こ》え 伊賀路《いがじ》へと出《で》れば 三河《みかわ》に帰国《きこく》できます
服部半蔵《はっとりはんぞう》 41歳《さい》
拙者《せっしゃ》 伊賀《いが》には多少《たしょう》 顔《かお》が利《き》きまするゆえ 先導《せんどう》いたしましょう
しかし……
生《い》き延《の》びて 信長公《のぶながこう》の仇《かたき》を 討《う》つことこそ 殿《との》の一分《いちぶん》

この忠勝《ただかつ》をお信《しん》じくだされ
コクッ

ザザ　ザア…
うまい……
うまいのう……
よもや生《い》きて
こんなうまい小魚《こざかな》を
食《く》うことができるとは
思《おも》わなかった
……腹《はら》に入《はい》れば
皆《みな》同《おな》じにございます

ハハハ
ここまで来《き》たら
なんとしてでも
三河《みかわ》まで
生《い》きて帰《かえ》るぞ
再起《さいき》して
光秀《みつひで》を討《う》ち果《は》たし
上様《うえさま》のご恩《おん》に
報《むく》いるのだ
家康一行《いえやすいっこう》は
無事《ぶじ》に伊賀《いが》を抜《ぬ》け
三河国《みかわのくに》に帰還《きかん》した

第四章《だいしょう》　秀吉《ひでよし》の天下《てんか》

三河国《みかわのくに》で打倒《だとう》光秀《みつひで》の兵《へい》を
挙《あ》げようとした家康《いえやす》だったが
羽柴秀吉《はしばひでよし》が先《さき》んじて
「山崎《やまざき》の合戦《かっせん》」で光秀《みつひで》を討《う》った
残念《ざんねん》!

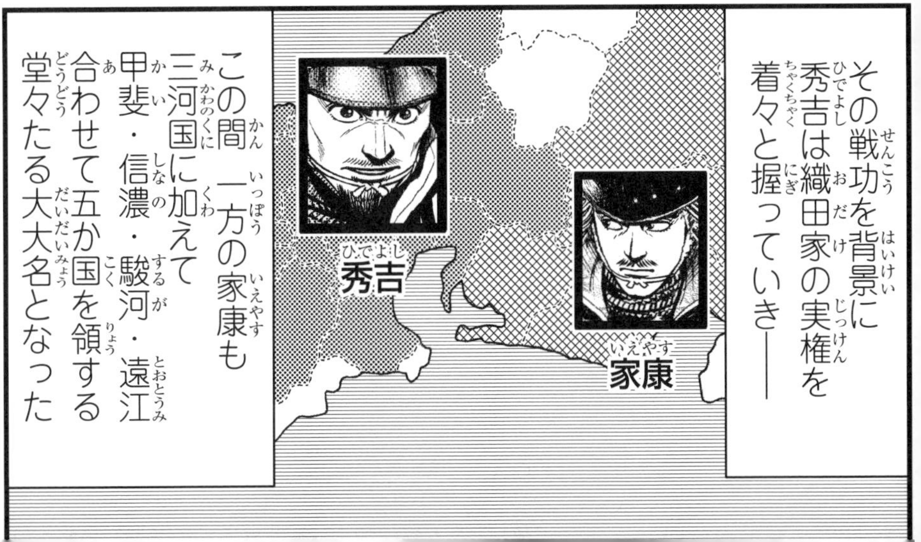
その戦功《せんこう》を背景《はいけい》に
秀吉《ひでよし》は織田家《おだけ》の実権《じっけん》を
着々《ちゃくちゃく》と握《にぎ》っていき――
家康《いえやす》
秀吉《ひでよし》
この間《かん》 一方《いっぽう》の家康《いえやす》も
三河国《みかわのくに》に加《くわ》えて
甲斐《かい》・信濃《しなの》・駿河《するが》・遠江《とおとうみ》
合《あ》わせて五か国《こく》を領《りょう》する
堂々《どうどう》たる大大名《だいだいみょう》となった

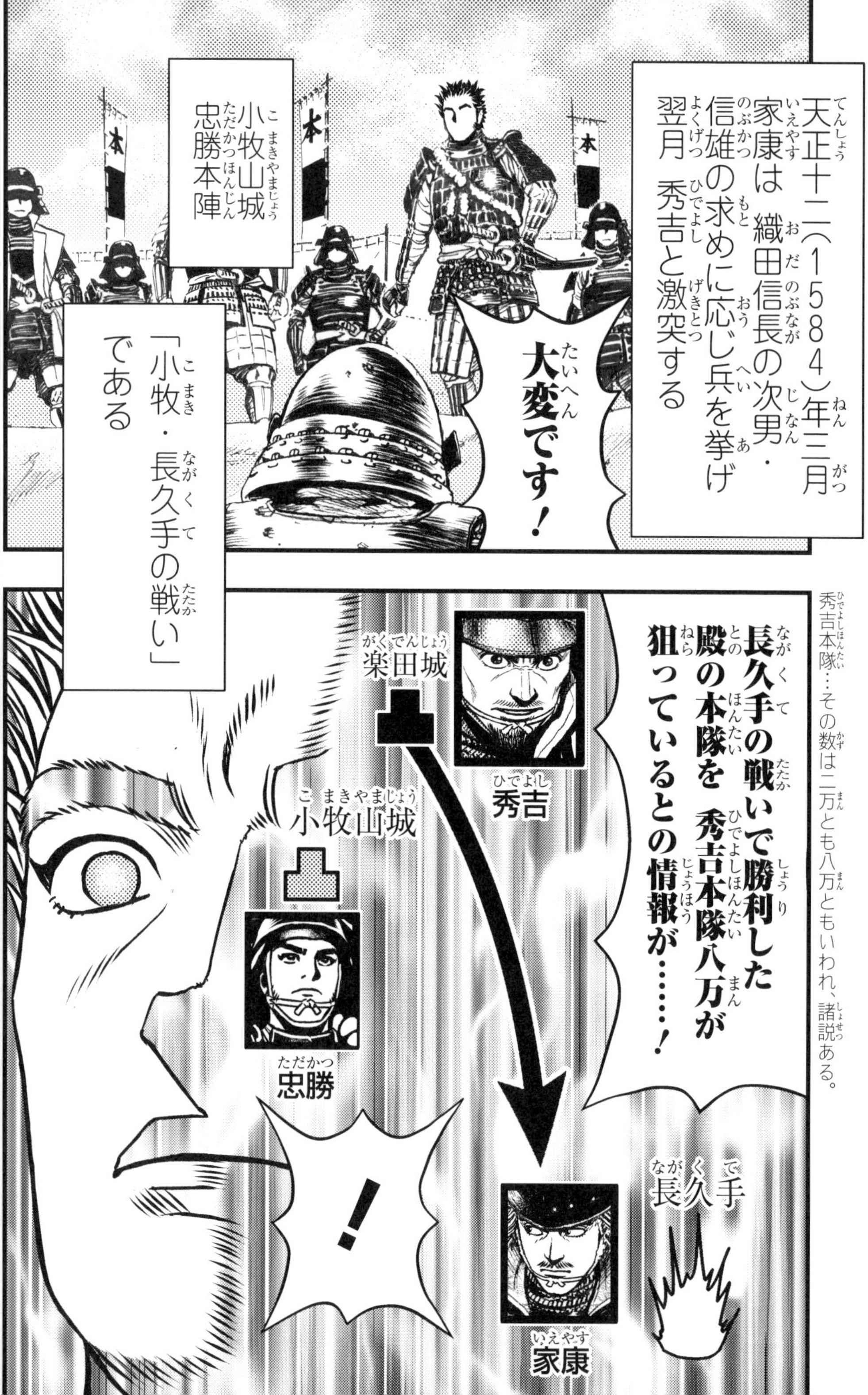

天正《てんしょう》十二（1584）年《ねん》三月《がつ》 家康《いえやす》は 織田信長《おだのぶなが》の次男《じなん》・信雄《のぶかつ》の求《もと》めに応《おう》じ兵《へい》を挙《あ》げ 翌月《よくげつ》 秀吉《ひでよし》と激突《げきとつ》する
大変《たいへん》です！
小牧山城《こまきやまじょう》 忠勝本陣《ただかつほんじん》
「小牧《こまき》・長久手《ながくて》の戦《たたか》い」である
秀吉本隊《ひでよしほんたい》…その数《かず》は二万《まん》とも八万《まん》ともいわれ、諸説《しょせつ》ある。
長久手《ながくて》の戦《たたか》いで勝利《しょうり》した殿《との》の本隊《ほんたい》を 秀吉本隊《ひでよしほんたい》八万《まん》が狙《ねら》っているとの情報《じょうほう》が……！
楽田城《がくでんじょう》
秀吉《ひでよし》
小牧山城《こまきやまじょう》
忠勝《ただかつ》
長久手《ながくで》
家康《いえやす》
！

まずいぞ！戦《いくさ》で疲《つか》れて引《ひ》き返《かえ》しているところをそんな大軍《たいぐん》で攻《せ》められたら……
しかし 今《いま》ある我《われ》らの手勢《てぜい》はわずか五百《ひゃく》のみいったいどうしたらいいのだ！
……殿《との》
一足先《ひとあしさき》に参《まい》りまする

……聞《き》け！
我《われ》らのみで秀吉軍《ひでよしぐん》を食《く》い止《と》める！
ドクン
ドクン
……ふん 忠勝様《ただかつさま》のもとで戦《たたか》わば 背中《せなか》に盾《たて》を背負《せお》ったも同然《どうぜん》
何《なに》を恐《おそ》れることがあろうか！

出陣《しゅつじん》じゃあ!!

ザッザッザッ
あれは……
羽柴秀吉《はしばひでよし》 48歳《さい》

ドーン

見《み》たところ五百《ひゃく》にも満《み》たぬ寡兵《かへい》……
あんな兵力《へいりょく》で我《われ》ら八万《まん》を迎《むか》え撃《う》つつもりか……馬鹿《ばか》なやつらめ
石田三成《いしだみつなり》 25歳《さい》
大将《たいしょう》は誰《だれ》じゃ
徳川四天王《とくがわしてんのう》の一人《ひとり》本多平八郎忠勝《ほんだへいはちろうただかつ》とみえます
そうか……平八《へいはち》五百《ひゃく》で八万《まん》に立《た》ちはだかるか……
一息《ひといき》に踏《ふ》み潰《つぶ》して家康《いえやす》の本隊《ほんたい》を追《お》いましょう！

よいか！
忠勝《ただかつ》の五百《ひゃく》とは
決《けっ》して戦《たたか》ってはならぬ！
進軍《しんぐん》が遅《おく》れても構《かま》わぬ
避《さ》けて通《とお》るのじゃ！
しかし　それでは……

……かつて平八《へいはち》は姉川《あねがわ》で朝倉軍《あさくらぐん》一万《まん》に一騎《き》で駆《か》け入《い》った
そして今《いま》平八《へいはち》と五百《ひゃく》の旗下《きか》は家康《いえやす》の本隊《ほんたい》が逃《に》げる時間《じかん》をかせぐため我《われ》らの八万《まん》に立《た》ちはだかっておる
古今《ここん》これほどの勇士《ゆうし》がいたであろうか
これほどの忠義《ちゅうぎ》の士《し》を誰《だれ》が殺《ころ》せようか
主命《しゅめい》である進路《しんろ》を変《か》えよ！
ははっ！

おお　秀吉軍《ひでよしぐん》が進路《しんろ》を変《か》えていきますするぞ！
ザッザッザッ

小牧《こまき》・長久手《ながくて》の戦《たたか》いは
引《ひ》き分《わ》けに終《お》わったが
圧倒的《あっとうてき》な秀吉《ひでよし》の軍事力《ぐんじりょく》を前《まえ》に
家康《いえやす》は臣従《しんじゅう》を決意《けつい》する

どうじゃ直政《なおまさ》 わしは「井伊《いい》の赤鬼《あかおに》」と 呼《よ》ばれる そちになら……
娘《むすめ》の小松《こまつ》を任《まか》せても よいと思《おも》っておる のだが……
せ 拙者《せっしゃ》は すでに 松平康親様《まつだいらやすちかさま》の娘《むすめ》と 結婚《けっこん》しております
井伊直政《いいなおまさ》 29歳《さい》
そうじゃった……
さしもの本多平八《ほんだへいはち》どのも 娘《むすめ》の婿探《むこさが》しとなると 戦場《せんじょう》のようには参《まい》りませぬか
……何《なに》しろ わしに似《に》た気性《きしょう》でな

自分《じぶん》より弱《よわ》い殿方《とのがた》に
嫁《とつ》ぐのは嫌《いや》でございます
ギロッ
スッ

上田合戦《うえだかっせん》…天正《てんしょう》十三（1585）年《ねん》に行《おこな》われた真田軍《さなだぐん》と徳川軍《とくがわぐん》の戦《たたか》い。第《だい》一次《じ》上田合戦《うえだかっせん》。

いや　おぬしと一度《いちど》話《はなし》がしてみたくての
はあ……今《いま》ちょうど関白殿下《かんぱくでんか》に仕《つか》えている弟《おとうと》に手紙《てがみ》を書《か》いておりました
ほう
弟《おとうと》の幸村《ゆきむら》（信繁《のぶしげ》）は気性《きしょう》は穏《おだ》やかなのですが時々《ときどき》何《なに》をしでかすかわからぬところがございまして……毎日《まいにち》ひやひやしておりまする

ふっ 殿《との》もわしの振《ふ》る舞《ま》いに
さぞや日々《ひび》お心《こころ》を悩《なや》まして
おられたことであろう……
信幸《のぶゆき》どの
娘《むすめ》の小松《こまつ》を
もらってくだされ!!
はい？

真田《さなだ》の武勇《ぶゆう》に惚《ほ》れ込《こ》んだ忠勝《ただかつ》は
小松姫《こまつひめ》を家康《いえやす》の養女《ようじょ》として
真田信幸《さなだのぶゆき》に嫁《とつ》がせる
姓《せい》を豊臣《とよとみ》と改《あらた》めた秀吉《ひでよし》は
天下統一《てんかとういつ》の仕上《しあ》げとして
天正《てんしょう》十八（1590）年《ねん》
小田原《おだわら》の北条氏《ほうじょうし》を
滅《ほろ》ぼした

忠勝《ただかつ》よ こたびの戦《いくさ》でも じつに見事《みごと》な 働《はたら》きであった
この源義経《みなもとのよしつね》が忠臣《ちゅうしん》・佐藤忠信《さとうただのぶ》の兜《かぶと》に ふさわしいのは そちしかおらぬ
ははっ
だが そちの武勇《ぶゆう》を 天下《てんか》に知《し》らしめる ことができたのは わしが この戦《いくさ》を 起《お》こしたからじゃ

どうじゃ わしの恩《おん》と 家康《いえやす》どのの恩《おん》 どちらが そちには重《おも》い？
秀吉様《ひでよしさま》のご恩《おん》は 海《うみ》よりも深《ふか》いと 存《ぞん》じます
されど家康《いえやす》は わが譜代《ふだい》の主《あるじ》で ございます

……そうじゃな
そちを困《こま》らせて悪《わる》かった 許《ゆる》せよ
とんでもございませぬ

第《だい》五章《しょう》　関ヶ原《せきがはら》
慶長《けいちょう》三（1598）年《ねん》秀吉《ひでよし》が亡《な》くなると豊臣政権《とよとみせいけん》は石田三成《いしだみつなり》ら文治派《ぶんちは》と加藤清正《かとうきよまさ》ら武断派《ぶだんは》に分裂《ぶんれつ》してしまう

跡《あと》を継《つ》いだ秀頼公《ひでよりこう》はいまだ幼少《ようしょう》のうえに両派《りょうは》の対立《たいりつ》を抑《おさ》えていた前田利家《まえだとしいえ》どのまで亡《な》くなった
このまま豊臣《とよとみ》に天下《てんか》を任《まか》せていては再《ふたた》び争乱《そうらん》が起《お》こってしまう

今《いま》こそ徳川《とくがわ》が天下《てんか》を治《おさ》めるのだ!!
慶長《けいちょう》五（1600）年《ねん》家康《いえやす》が会津征討《あいづせいとう》に出向《でむ》いた隙《すき》を突《つ》き大坂《おおさか》で三成《みつなり》が挙兵《きょへい》
家康《いえやす》は会津征討《あいづせいとう》を中断《ちゅうだん》し 三成《みつなり》を討《う》つべく西上《せいじょう》する
会津《あいづ》
石田三成《いしだみつなり》 41歳《さい》
大坂《おおさか》

家康《いえやす》は軍《ぐん》を二手《ふたて》に分《わ》けて一方《いっぽう》を嫡男《ちゃくなん》・秀忠《ひでただ》に任《まか》せ――
秀忠軍《ひでただぐん》
家康軍《いえやすぐん》
関ヶ原《せきがはら》
もう一方《いっぽう》を自《みずか》ら率《ひき》いて九月十四日《がつじゅうよっか》の深夜《しんや》に決戦《けっせん》の地《ち》となる関ヶ原《せきがはら》に到着《とうちゃく》した
どうじゃ 三国黒《みくにぐろ》 気持《きも》ちよかろう
関ヶ原《せきがはら》 本多陣《ほんだじん》
殿《との》! そんなことは家来《けらい》の私《わたくし》めが……
自分《じぶん》の馬《うま》の世話《せわ》を自分《じぶん》の手《て》でできぬようになったら侍《さむらい》は しまいじゃ
殿《との》の天下《てんか》まであと一働《ひとはたら》きよ

翌《よく》十五日《にち》
両軍《りょうぐん》は関《せき》ヶ原《がはら》で激突《げきとつ》
最初《さいしょ》は数《かず》の多《おお》い三成軍《みつなりぐん》が
優勢《ゆうせい》だったが——
味方《みかた》の裏切《うらぎ》り
などにより
三成軍《みつなりぐん》は崩《くず》れはじめる
ドドド

ドーン
ダッダッ
ダッダッ
三国黒《みくにぐろ》!!
殿《との》!拙者《せっしゃ》の馬《うま》を!
……三国黒《みくにぐろ》仇《かたき》は取《と》ってやるぞ!

オオオォォォ
関ヶ原《せきがはら》の合戦《かっせん》において
忠勝《ただかつ》は五百《ひゃく》の手勢《てぜい》で
九十もの御首級《みしるし》を挙《あ》げ
徳川軍《とくがわぐん》は
大勝利《だいしょうり》を収《おさ》めた

真田信幸《さなだのぶゆき》昌幸《まさゆき》と信繁《のぶしげ》が背《そむ》いたにもかかわらず……
そちはわしに尽《つ》くしてじつによく働《はたら》いてくれたのぉ
殿《との》それがしへの褒美《ほうび》の代《か》わりに何《なに》とぞ父《ちち》と弟《おとうと》の助命《じょめい》を……
ならぬ！……二人《ふたり》はこれまで二度《ど》にわたって徳川《とくがわ》に敵対《てきたい》し今回《こんかい》などは秀忠軍《ひでただぐん》を足止《あしど》めして関ヶ原《せきがはら》に到着《とうちゃく》させなかった
許《ゆる》すことはできぬ！

されば それがし 殿《との》と一戦交《いっせんまじ》えなくては なりませぬなあ
何《なに》！
わが婿《むこ》が 真田《さなだ》の父《ちち》や弟《おとうと》のため 戦《たたか》うからには 力《ちから》を貸《か》させねば 武士《ぶし》の一分《いちぶん》が 立《た》ち申《もう》さぬ
まして信幸《のぶゆき》どのは 殿《との》の養女《ようじょ》となった 小松《こまつ》の夫《おっと》 いわば 殿《との》の婿《むこ》でもありますぞ
平八《へいはち》 貴様《きさま》……
三河《みかわ》の一向一揆《いっこういっき》の 時《とき》でさえ 敵側《てきがわ》には まわりませなんだ のに……

ぬぐぅく……
紀伊国《きいのくに》九度山《くどやま》へ配流《はいる》といたす!!
は ははぁ!

関ヶ原《せきがはら》の軍功《ぐんこう》により
忠勝《ただかつ》には
伊勢国桑名《いせのくにくわな》十万石《まんごく》が
与《あた》えられた
桑名《くわな》
伊勢国《いせのくに》
家康様《いえやすさま》が征夷大将軍《せいいたいしょうぐん》に
任命《にんめい》され　徳川《とくがわ》の天下《てんか》は
ほぼ決《き》まりでございましょう

五十七度《ど》も戦場《せんじょう》に出《で》て一度《ど》も傷《きず》を負《お》わなかったものを……
本多忠勝《ほんだただかつ》もこれで　しまいじゃな
ははっ　殿《との》
ご冗談《じょうだん》を……

慶長《けいちょう》十五（1610）年《ねん》
十月《がつ》十八日《にち》
本多《ほんだ》平八郎《へいはちろう》忠勝《ただかつ》　死去《しきょ》
享年《きょうねん》六十三
駿《すん》府《ぷ》城《じょう》

鍋《なべ》之《の》助《すけ》……
わが命《いのち》あるかぎり
わしが殿《との》を
お守《まも》りいたします！

侍《さむらい》は首《くび》を取《と》らずとも不手柄《ふてがら》なりとも
事《こと》の難《なん》に臨《のぞ》みて退《しりぞ》かず
主君《しゅくん》と枕《まくら》を並《なら》べて討死《うちじに》を遂《と》げ
忠節《ちゅうせつ》を守《まも》るを指《さ》して侍《さむらい》という
侍《さむらい》は首《くび》を取《と》れなくても手柄《てがら》がなくても
困難《こんなん》に向《む》かって退《しりぞ》くことはない
主君《しゅくん》とともに討死《うちじに》を遂《と》げて
忠節《ちゅうせつ》を守《まも》る者《もの》を侍《さむらい》というのだ
——そう言葉《ことば》を遺《のこ》した
本多忠勝《ほんだただかつ》は
忠勇無双《ちゅうゆうむそう》の武将《ぶしょう》として
今《いま》も多《おお》くの人々《ひとびと》に
愛《あい》されている

本多忠勝《ほんだただかつ》を知《し》るための
基礎知識《きそちしき》

解説《かいせつ》

加来耕三《かくこうぞう》

〝戦国《せんごく》三英傑《えいけつ》(1)〟の一人《ひとり》で、ついには天下《てんか》を取《と》った徳川家康《とくがわいえやす》——その天《てん》下《か》取《と》りには、じつに多《おお》くの人々《ひとびと》が活躍《かつやく》したが、なかでも数多《あまた》いた家康《いえやす》の家来《けらい》のなかで、とくに〝徳川四天王《とくがわしてんのう》〟と呼《よ》ばれた四人《にん》の武将《ぶしょう》がいた。酒井忠次《さかいただつぐ》・本多忠勝《ほんだただかつ》・榊原康政《さかきばらやすまさ》・井伊直政《いいなおまさ》——。

このうち、前《ぜん》二者《しゃ》は安祥譜代《あんしょうふだい》——文明年間《ぶんめいねんかん》(一四六九〜一四八七年《ねん》)に、松平信光《まつだいらのぶみつ》(家康《いえやす》の六代前《だいまえ》)が三河国安祥《みかわのくにあんしょう》(現《げん》・愛知県安城市《あいちけんあんじょうし》)を攻略《こうりゃく》して以来《いらい》の家臣《かしん》であり、その意味《いみ》で本多忠勝《ほんだただかつ》は酒井忠次《さかいただつぐ》とともに、徳川家中《とくがわかちゅう》にあっては典型的《てんけいてき》な「三河武士《みかわぶし》」ということになる(ただし、忠次《ただつぐ》は忠勝《ただかつ》より二十一歳年上《さいとしうえ》)。

忠勝《ただかつ》の遠祖《えんそ》は、言《い》い伝《つた》えによれば左大臣《さだいじん》・藤原顕光《ふじわらのあきみつ》(2)の後裔《こうえい》とのこと。なぜだか豊後国日高郡《ぶんごのくにひたかごおり》(日田郡《ひたごおり》の別称《べっしょう》)本多郷《ほんだごう》(現《げん》・大分県日田市《おおいたけんひたし》)に住《す》んで本多姓《ほんだせい》を名乗《なの》り、その子孫《しそん》の本多助時《ほんだすけとき》が三河国《みかわのくに》(現《げん》・愛知《あいち》県東部《けんとうぶ》)に定住《ていじゅう》して、松平泰親《まつだいらやすちか》(信光《のぶみつ》の父《ちち》)に仕《つか》えたのがはじまりと

(1)英傑《えいけつ》…才知《さいち》などが人並《ひとな》み以《い》上《じょう》に優《すぐ》れている人《ひと》。

(2)藤原顕光《ふじわらのあきみつ》…平安時代中期《へいあんじだいちゅうき》の公卿《くぎょう》。

いう。
この助時《すけとき》の孫《まご》に忠豊《ただとよ》という男子《だんし》があり、家康《いえやす》の時代《じだい》になって、忠豊《ただとよ》の子孫《しそん》として現《あらわ》れたのが忠勝《ただかつ》であった。
天文《てんぶん》十七（一五四八）年《ねん》、父《ちち》を忠高《ただたか》、母《はは》を植村氏義《うえむらうじよし》の女《むすめ》として、平八郎忠勝《へいはちろうただかつ》は三河国《みかわのくに》で生《う》まれた。家康《いえやす》より、六歳《さい》の年少《ねんしょう》になる。
忠勝《ただかつ》が生《う》まれた頃《ころ》といえば、三河松平家《みかわまつだいらけ》は混乱《こんらん》の真《ま》っ只中《ただなか》にあった。家康《いえやす》の父《ちち》・松平広忠《まつだいらひろただ》の代《だい》であったが、家臣団《かしんだん》には派閥抗争《はばつこうそう》があり、加《くわ》えて翌天文《よくてんぶん》十八（一五四九）年《ねん》三月《がつ》、加茂郡広瀬城《かもごおりひろせじょう》（西広瀬城《にしひろせじょう》現《げん》・愛知県豊田市《あいちけんとよたし》）の城主《じょうしゅ》・佐久間九郎左衛門《さくまくろうざえもん》の放《はな》った刺客《しかく》・岩松《いわまつ》八弥《はちや》の手《て》にかかって、当《とう》の広忠《ひろただ》が暗殺《あんさつ》される事件《じけん》も起《お》きていた。
そうした環境《かんきょう》のもとで育《そだ》ったためか、忠勝《ただかつ》はかなり早熟《そうじゅく》な少年《しょうねん》であったようだ。十三歳《さい》にして、初陣《ういじん》を飾《かざ》っている。永禄《えいろく》三（一五六〇）年《ねん》のことであった。
上洛《じょうらく》を目指《めざ》す東海《とうかい》の太守《たいしゅ》(3)・今川義元《いまがわよしもと》の先鋒《せんぽう》となって、駿河国《するがのくに》（現《げん》・静岡県中部《しずおかけんちゅうぶ》）を発《はっ》した家康《いえやす》（当時《とうじ》の名《な》は松平元康《まつだいらもとやす》(4)）の、尾張国大高《おわりのくにおおだか》

(3)太守《たいしゅ》…一国《いっこく》の領主《りょうしゅ》のこと
(4)松平元康《まつだいらもとやす》…永禄《えいろく》六（一五六三）年《ねん》に松平家康《まつだいらいえやす》へ、永禄《えいろく》九（一五六六）年《ねん》に徳川家康《とくがわいえやす》に改名《かいめい》。

城《じょう》（現《げん》・愛知県名古屋市緑区《あいちけんなごやしみどりく》）への兵糧運《ひょうろうはこ》びに参戦《さんせん》。その翌永禄《よくえいろく》四（一五六一）年三月《ねんがつ》には、家康《いえやす》が織田信長《おだのぶなが》と和《わ》を結《むす》ぶため、尾張国清《おわりのくにきよ》洲《す》（清須《きよす》）城《じょう》（現《げん》・愛知県清須市《あいちけんきよすし》）に赴《おもむ》いた時《とき》、これに従《したが》っている。

清洲城下《きよすじょうか》では織田家《おだけ》の士卒《しそつ》たちが、一度《いちど》は織田家《おだけ》に人質生活《ひとじちせいかつ》を送《おく》った家康《いえやす》が、立派《りっぱ》な武将《ぶしょう》となった姿《すがた》を一目見《ひとめみ》ようと、大勢集《おおぜいあつ》まり騒《さわ》ぎ立《た》てていた。

その真《ま》っ只中《ただなか》を、当年《とうねん》十四歳《さい》の忠勝《ただかつ》が大槍《おおやり》を引《ひ》っさげて、家康《いえやす》の先導《せんどう》に立《た》った。そして、大喝《だいかつ》して言《い》ったものである。

「わが主《あるじ》・松平元康《まつだいらもとやす》、会盟《かいめい》(5)のため清洲城内《きよすじょうない》に入《はい》る。汝《なんじ》ら、なにゆえかくも騒《さわ》ぐか。無礼《ぶれい》であろう」

その気魄《きはく》の凄《すさ》まじさと、三河武士《みかわぶし》の主従関係《しゅじゅうかんけい》にうかがえる緊密《きんみつ》ぶりに、信長《のぶなが》も感嘆《かんたん》し、羨《うらや》ましく思《おも》ったと伝《つた》えられている。

忠勝《ただかつ》の身辺《しんぺん》を見《み》ると、祖父《そふ》・忠豊《ただとよ》も、父《ちち》・忠高《ただたか》も、松平《まつだいら》（徳川《とくがわ》）家《け》のために、忠誠《ちゅうせい》を尽《つ》くして壮烈《そうれつ》な戦死《せんし》を遂《と》げていた。

とくに父《ちち》の死《し》は、忠勝《ただかつ》が二歳《さい》の時《とき》であり、忠勝《ただかつ》の叔父《おじ》・忠真《ただざね》も元亀《げんき》

（5）会盟《かいめい》…人々《ひとびと》が集《あつ》まって盟約《めいやく》を結《むす》ぶこと。

三（一五七二）年《ねん》十二月《がつ》、忠勝《ただかつ》が二十五歳《さい》のおりに、甲斐国《かいのくに》（現《げん》・山梨県《やまなしけん》）の武田信玄《たけだしんげん》との三方ケ原《みかたがはら》の戦《たたか》いで戦死《せんし》することとなる。

家康《いえやす》が信長《のぶなが》と和睦《わぼく》した翌永禄《よくえいろく》五（一五六二）年《ねん》、今川氏真《いまがわうじざね》の将《しょう》・小原肥前守《おはらひぜんのかみ》が、駿河国《するがのくに》から三河国長沢《みかわのくにながさわ》（現《げん》・愛知県豊川市《あいちけんとよかわし》）に侵入《しんにゅう》してきた。忠勝《ただかつ》は叔父《おじ》の忠真《ただざね》とともに戦《たたか》ったが、戦場《せんじょう》で忠真《ただざね》が敵《てき》の一人《ひとり》を突《つ》き倒《たお》し、若《わか》い甥《おい》の手柄《てがら》にしてやるつもりで忠勝《ただかつ》に、

「平八郎《へいはちろう》、早《はや》くそやつの首《くび》を取《と》るがいい」

と言《い》ったところ、忠勝《ただかつ》は目《め》をいからせて、

「私《わたし》は人《ひと》の力《ちから》を借《か》りて、手柄《てがら》を立《た》てようとは思《おも》いませぬ」

と言《い》い捨《す》てるや、そのまま敵陣《てきじん》に駆《か》け入《い》って、はじめての御首級《みしるし》(6)を自《みずか》らの手《て》で挙《あ》げたという。

以来《いらい》、忠勝《ただかつ》は家康《いえやす》が参戦《さんせん》したほとんどの合戦《かっせん》に従軍《じゅうぐん》し、そのたびに功名《こうみょう》をあらわし、弱冠《じゃっかん》十九歳《さい》にして、騎士《きし》五十余人《よにん》を与《あた》えられる一《ひと》方《かた》の部将《ぶしょう》に任《にん》ぜられた。

だが忠勝《ただかつ》は、決《けっ》して武勇一点張《ぶゆういってんば》りの人物《じんぶつ》ではなかった。

(6)御首級《みしるし》…討《う》ち取《と》った首《くび》。

元亀《げんき》三（一五七二）年十月《ねんがつ》のことである。甲斐国《かいのくに》・武田信玄《たけだしんげん》が三《み》河国《かわのくに》、遠江国《とおとうみのくに》（現《げん》・静岡県西部《しずおかけんせいぶ》）を攻《せ》め取《と》るべく、二万七千余《まんせんあまり》の大《たい》軍《ぐん》を率《ひき》いて、遠江見付《とおとうみみつけ》の原《はら》（現《げん》・静岡県磐田市《しずおかけんいわたし》）に押《お》し寄《よ》せてきた。

そして次《つぎ》には、見付《みつけ》の原《はら》から袋井《ふくろい》（現《げん》・静岡県袋井市《しずおかけんふくろいし》）に侵入《しんにゅう》してきたので、家康《いえやす》は天龍川《てんりゅうがわ》に出陣《しゅつじん》し、自《みずか》らの先陣《せんじん》は川《かわ》を渡《わた》って三加野《みかの》（現《げん》・静岡県浜松市東部《しずおかけんはままつしとうぶ》から磐田市西部《いわたしせいぶ》）にまで進出《しんしゅつ》。その数《かず》、八千《せん》余《あまり》。ここで家康《いえやす》は、忠勝《ただかつ》に戦術《せんじゅつ》を相談《そうだん》している。

「地《ち》の利《り》は敵《てき》にあり、一応退《いちおうしりぞ》くが得策《とくさく》かと存《ぞん》じます」

忠勝《ただかつ》は答《こた》えたという。ところが、敵味方《てきみかた》の距離《きょり》が接近《せっきん》しすぎていた。忠勝《ただかつ》は味方《みかた》に退陣命令《たいじんめいれい》を伝《つた》えようとしたが、もはや通常《つうじょう》の伝達方法《でんたつほうほう》ではとても無理《むり》な状況《じょうきょう》――乱戦模様《らんせんもよう》となっていた。

この時《とき》、敵味方《てきみかた》の間《あいだ》に馬《うま》を乗《の》り入《い》れ、縦横《じゅうおう》に馳《は》せめぐらせては味方《みかた》に下知《げち》（7）し、無事《ぶじ》に退《しりぞ》かせ、追尾《ついび》しようとする敵軍《てきぐん》を〝蜻蛉切《とんぼぎり》〟の名《めい》槍《そう》を振《ふ》るって突《つ》き崩《くず》し、しんがり役《やく》を果《は》たしたのが忠勝《ただかつ》であった。

ときに、二十五歳《さい》――その忠勝《ただかつ》の凄《すさ》まじい奮戦《ふんせん》ぶりが、家康《いえやす》をはじ

（7）下知《げち》…下《した》の者《もの》に指図《さしず》すること。命令《めいれい》。

めとする味方陣営《みかたじんえい》の称賛《しょうさん》を浴《あ》びたのはいうまでもない。見事《みごと》にしてやられた武田勢《たけだぜい》も、忠勝《ただかつ》の豪勇《ごうゆう》ぶりを、

家康《いえやす》に過《す》ぎたるものが二《ふた》つあり
唐《から》の頭《かしら》に本多平八《ほんだへいはち》

とうたった。ついでながら、唐《から》の頭《かしら》とは、兜《かぶと》の頂上《ちょうじょう》に犛牛《りぎゅう》（ヤク）の毛《け》を飾《かざ》ったもののこと。当時《とうじ》の舶来品《はくらいひん》(8)で、家康《いえやす》はこれを部将《ぶしょう》の兜《かぶと》に掛《か》けさせ、徳川家《とくがわけ》の武威《ぶい》(9)のしるしとしていた。

この戦《たたか》いのあと（十二月《がつ》）に行《おこな》われた三方《みかた》ヶ原《がはら》の戦《たたか》いでも、忠勝《ただかつ》は先鋒《せんぽう》を務《つと》め、敗戦《はいせん》の中《なか》、一方《いっぽう》の血路《けつろ》を開《ひら》いて、味方《みかた》を遠江国浜松城《とおとうみのくにはままつじょう》（現《げん》・静岡県浜松市《しずおかけんはままつし》）に引《ひ》き揚《あ》げさせることに成功《せいこう》している。

やがて豊臣秀吉《とよとみひでよし》に臣下《しんか》の礼《れい》を取《と》った家康《いえやす》は、関東《かんとう》へ入部《にゅうぶ》するにあたり、忠勝《ただかつ》の功《こう》を厚《あつ》く賞《しょう》し、十万石《まんごく》を与《あた》え、上総国大多喜城《かずさのくにおおたきじょう》（現《げん》・千《ち》葉県夷隅郡大多喜町《ばけんいすみぐんおおたきまち》）に封《ほう》(10)じた。すると、天下人《てんかびと》・豊臣秀吉《とよとみひでよし》もまた、

(8)舶来品《はくらいひん》…外国《がいこく》から船《ふね》で運《はこ》ばれてきた品物《しなもの》。外国製品《がいこくせいひん》。
(9)武威《ぶい》…武力《ぶりょく》によって人《ひと》を威圧《いあつ》するような勢《いきお》い。
(10)封《ほう》ずる…領主《りょうしゅ》とすること。

忠勝《ただかつ》の武勇《ぶゆう》のほどを認《みと》め、執奏《しっそう》(11)して従五位下《じゅごいのげ》中務大輔《なかつかさたいふ》(12)に叙任《じょにん》している。
秀吉《ひでよし》にはかつて、忠勝《ただかつ》の武者《むしゃ》ぶりに感嘆《かんたん》させられたことがあった。
天正《てんしょう》十二（一五八四）年《ねん》、家康《いえやす》が織田信雄《おだのぶかつ》（亡《な》き信長《のぶなが》の次男《じなん》）と手《て》を組《く》んで、秀吉《ひでよし》に天下《てんか》分《わ》け目《め》の合戦《かっせん》を挑《いど》んだ、小牧《こまき》・長久手《ながくて》（現《げん》・愛知県小牧市《あいちけんこまきし》と長久手市付近《ながくてしふきん》）の戦《たたか》いのおりである。
この時《とき》、秀吉《ひでよし》は池田恒興《いけだつねおき》(13)の献策《けんさく》(14)を容《い》れて、遠《とお》く戦場《せんじょう》を離《はな》れて家康《いえやす》の三河《みかわ》に侵攻《しんこう》する許可《きょか》を、恒興《つねおき》に与《あた》えてしまうのだが、四月九日《がつここのか》、長久手《ながくて》で恒興《つねおき》や森長可《もりながよし》(15)ら秀吉方《ひでよしがた》の武将《ぶしょう》たちは、奇襲《きしゅう》を見透《みす》かした家康《いえやす》の本隊《ほんたい》に討《う》ち取《と》られてしまった。
秀吉《ひでよし》は大《おお》いに驚《おどろ》き、自《みずか》ら楽田《がくでん》（現《げん》・愛知県犬山市《あいちけんいぬやまし》）より長久手《ながくて》に打《う》って出《で》る。その軍勢数《ぐんぜいすう》、およそ八万《まん》であった。
忠勝《ただかつ》はこの時《とき》、小牧《こまき》の陣《じん》にあったが、秀吉《ひでよし》の大軍《たいぐん》が来襲《らいしゅう》すると聞《き》くや、手勢《てぜい》を二分《にぶん》して半《なか》ばを陣《じん》にとどめ、自《みず》らはわずか五百《ひゃく》の兵《へい》を率《ひき》いて出陣《しゅつじん》。秀吉軍《ひでよしぐん》と小川《おがわ》を距《へだ》てて、並行《へいこう》して進《すす》んだ。
忠勝《ただかつ》は士卒《しそつ》(16)に向《む》かい、次《つぎ》のように言《い》う。

(11)執奏《しっそう》…天皇《てんのう》に取《と》りついでもらい、申《もう》し上《あ》げること。
(12)中務大輔《なかつかさたいふ》…宮中《きゅうちゅう》（皇居《こうきょ》）のいろいろな事務《じむ》をつかさどる中務省《なかつかさしょう》の次官《じかん》。
(13)池田恒興《いけだつねおき》…織田信長《おだのぶなが》、豊臣《とよとみ》秀吉《ひでよし》に仕《つか》えた武将《ぶしょう》。
(14)献策《けんさく》…計画《けいかく》を立《た》て、上位《じょうい》の人《ひと》などに申《もう》し上《あ》げること。
(15)森長可《もりながよし》…織田信長《おだのぶなが》、豊臣秀吉《とよとみひでよし》に仕《つか》えた武将《ぶしょう》。
(16)士卒《しそつ》…士官《しかん》と兵士《へいし》。

「今《いま》、ここで秀吉《ひでよし》の軍《ぐん》と我《われ》らが必死《ひっし》に戦《たたか》えば、少《すこ》しの間《あいだ》でもその進軍《しんぐん》を遅《おく》らせることができる。その間《あいだ》に殿《との》（家康《いえやす》）は疲労《ひろう》した兵《へい》を立《た》て直《なお》し、思《おも》うままに勝敗《しょうはい》を決《けっ》せられよう」

忠勝《ただかつ》はたった五百《ひゃく》の手勢《てぜい》を率《ひき》いて、八万《まん》の秀吉軍《ひでよしぐん》の前面《ぜんめん》に出《で》た。むろん、生命《いのち》はない。それを知《し》った秀吉《ひでよし》は、思《おも》わず涙《なみだ》を滲《にじ》ませる。

自軍《じぐん》の士卒《しそつ》が忠勝《ただかつ》を討《う》ち取《と》ろうとするのを制《せい》して、秀吉《ひでよし》は言《い》う。

「わずかばかりの兵《へい》をもって、わが大軍《たいぐん》に挑《いど》むのは、もとより死《し》を覚《かく》悟《ご》のうえであろう。死《し》を賭《と》して時《とき》をかせぎ、主君《しゅくん》の勝利《しょうり》をはかろうとする、その志《こころざし》は忠勇至極《ちゅうゆうしごく》である」

続《つづ》けて、秀吉《ひでよし》は部下《ぶか》に命《めい》じた。

「この秀吉《ひでよし》、運強《うんつよ》ければ戦《いくさ》に勝《か》とう。あたら勇者《ゆうしゃ》を討《う》つべからず」

忠勝《ただかつ》を殺《ころ》すな、というのである。

秀吉《ひでよし》に救《すく》われた忠勝《ただかつ》は、それでも長久手《ながくて》に駆《か》けつけたのだが、すでに戦《いくさ》は味方《みかた》の勝利《しょうり》に終《お》わっていた。忠勝《ただかつ》は家康《いえやす》に会《あ》うと怨《うら》めし気《げ》に、

「小牧《こまき》を守《まも》っていたために、大切《たいせつ》な合戦《かっせん》に間《ま》に合《あ》いませんでした」

と言《い》う。これに対《たい》して家康《いえやす》は、

「忠勝《ただかつ》を自分《じぶん》の代《か》わりと思《おも》い、小牧《こまき》に留《と》めおいたのだ。忠勝《ただかつ》が小牧《こまき》にいたればこそ、自分《じぶん》は安心《あんしん》して戦《たたか》うことができ、勝利《しょうり》することができたのではないか」

と笑《わら》って答《こた》えたという。

天正《てんしょう》十八（一五九〇）年《ねん》八月一日《がつついたち》、すでにふれたように、家康《いえやす》は江戸《えど》に移《うつ》った。同月《どうげつ》十五日《にち》、麾下《きか》(17)の諸将《しょしょう》を関東各地《かんとうかくち》に分封《ぶんぽう》する。

最高《さいこう》は上野国箕輪《こうずけのくにみのわ》（現《げん》・群馬県高崎市《ぐんまけんたかさきし》）十二万石《まんごく》の井伊直政《いいなおまさ》。続《つづ》いて上総国大多喜《かずさのくにおおたき》十万石《まんごく》の本多忠勝《ほんだただかつ》、上野国館林《こうずけのくにたてばやし》（現《げん》・群馬県館林《ぐんまけんたてばやし》市《し》）十万石《まんごく》の榊原康政《さかきばらやすまさ》、そして当時《とうじ》、酒井忠次《さかいただつぐ》より家督《かとく》を継《つ》いでいた嫡男《ちゃくなん》・家次《いえつぐ》には、下総国臼井《しもうさのくにうすい》（現《げん》・千葉県佐倉市《ちばけんさくらし》）三万石《まんごく》を与《あた》えた。

慶長《けいちょう》五（一六〇〇）年《ねん》九月《がつ》、ついに関ケ原《せきがはら》の合戦《かっせん》が行《おこな》われる。

忠勝《ただかつ》は井伊直政《いいなおまさ》とともに、東軍先鋒《とうぐんせんぽう》の軍監役《ぐんかんやく》(18)として働《はたら》き、九十余《あまり》の敵《てき》の、御首級《みしるし》を挙《あ》げた。

翌慶長《よくけいちょう》六（一六〇一）年《ねん》二月《がつ》、忠勝《ただかつ》は大多喜《おおたき》から伊勢国《いせのくに》（現《げん》・三《み》

(17) 麾下《きか》…大将《たいしょう》の支配下《しはいか》。

(18) 軍監役《ぐんかんやく》…軍《ぐん》の監督《かんとく》をする役《やく》職《しょく》。

重県《えけん》の大半《たいはん》）に移封《いほう》[19]となり、伊勢国桑名城《いせのくにくわなじょう》（現《げん》・三重県桑名市《みえけんくわなし》）十万石《まんごく》を与《あた》えられた。忠勝《ただかつ》の跡《あと》には、次男《じなん》・忠朝《ただとも》が大多喜《おおたき》五万石《まんごく》を拝領《はいりょう》。慶長《けいちょう》十四（一六〇九）年《ねん》、忠勝《ただかつ》は家督《かとく》[20]を嫡子《ちゃくし》・忠政《ただまさ》に譲《ゆず》って隠居《いんきょ》した。

その頃《ころ》のことであろうか、ある日《ひ》、忠勝《ただかつ》が〝蜻蛉切《とんぼぎり》〟を振《ふ》りまわしていたが、やがて、城内《じょうない》に戻《もど》ると、柄《え》を三尺《じゃく》（約《やく》九十センチ）ばかり切《き》り捨《す》てた。家臣《かしん》が名槍《めいそう》をもったいない、なぜに、と不審《ふしん》に思《おも》って理由《りゆう》をたずねると、忠勝《ただかつ》は答《こた》えて言《い》った。

「すべからく武器《ぶき》は、己《おのれ》の力《ちから》を計《はか》って用《もち》うべきものである」

往年《おうねん》に比《くら》べ、さしもの忠勝《ただかつ》も己《おのれ》の衰《おとろ》えに気付《きづ》いていたようだ。家臣《かしん》たちは忠勝《ただかつ》の思慮《しりょ》の深《ふか》さに、改《あらた》めて敬服《けいふく》したという。

慶長《けいちょう》十五（一六一〇）年《ねん》十月《がつ》十八日《にち》、忠勝《ただかつ》は六十三歳《さい》でこの世《よ》を去《さ》った。後世《こうせい》に語《かた》られる「三河武士《みかわぶし》」は、この本多忠勝《ほんだただかつ》のイメージをモデルとした、といっても過言《かごん》ではあるまい。

(19)移封《いほう》…大名《だいみょう》の配置《はいち》変《が》えのこと。国替《くにが》え。転封《てんぽう》ともいう。

(20)家督《かとく》…一家《いっか》の当主《とうしゅ》。その家《いえ》の財産《ざいさん》や仕事《しごと》のこと。

豆知識《まめちしき》①

忠勝《ただかつ》が残《のこ》した息子《むすこ》への訓戒《くんかい》とは!?

本多《ほんだ》忠勝《ただかつ》の長男《ちょうなん》である忠政《ただまさ》が、まだ父《ちち》と同《おな》じ平八郎《へいはちろう》と呼《よ》ばれていた頃《ころ》のこと。

忠政《ただまさ》は、忠勝《ただかつ》の嫡男《ちゃくなん》であるというプレッシャーも手伝《てつだ》って、武芸《ぶげい》の稽古《けいこ》に熱心《ねっしん》で、なかなかの腕前《うでまえ》でもあった。その日《ひ》も彼《かれ》は、弟《おとうと》の忠朝《ただとも》とともに槍《やり》の稽古《けいこ》をしていた。そこに、忠勝《ただかつ》がやってくる。

父《ちち》が見《み》ていることに気付《きづ》いた二人《ふたり》は、ますます熱《ねつ》を入《い》れて稽古《けいこ》し、いつも以上《いじょう》に激《はげ》しく打《う》ち合《あ》った。二人《ふたり》が一息《ひといき》入《い》れたところで、忠勝《ただかつ》が声《こえ》をかけた。

「二人《ふたり》とも、じつに熱心《ねっしん》に稽古《けいこ》していて、感心《かんしん》じゃ。わしも若《わか》い頃《ころ》は、お前《まえ》たちのように、槍《やり》の稽古《けいこ》に励《はげ》んだものだ」

ほめられたと思《おも》った二人《ふたり》の顔《かお》がぱっと明《あか》るくなったが、忠勝《ただかつ》はこう付《つ》け加《くわ》えた。

「わしの若《わか》い頃《ころ》は、徳川家《とくがわけ》はまだ小《ちい》さく、わしも小身《しょうしん》であった。なればこそ、槍《やり》の働《はたら》きが第《だい》一であり、事実《じじつ》わしは、槍《やり》働《ばたら》きによって徳川家《とくがわけ》を大《おお》きくし、わしも大身《たいしん》となった。しかし今《いま》、徳川家《とくがわけ》は大《おお》きく、我《わ》が家《や》もまた大身《たいしん》である。小身《しょうしん》には小身《しょうしん》の、大身《たいしん》には大身《たいしん》のはげむべき事《こと》がある。大身《たいしん》の侍《さむらい》は、槍働《やりばたら》きよりも、軍勢《ぐんぜい》を指揮《しき》する采配《さいはい》や、軍勢《ぐんぜい》を管理《かんり》する備立《そなえだ》て（陣備《じんぞな》え）など、大将《たいしょう》が知《し》らねばならぬことをこそ、第《だい》一に学《まな》ぶべきである」

叱《しか》られたと思《おも》って肩《かた》を落《お》とす二人《ふたり》に、忠勝《ただかつ》はもう一《ひと》つ付《つ》け加《くわ》えた。

「だからといって、槍《やり》はいらぬ、ということではない。ただ、自分《じぶん》がどのような形《かたち》で必要《ひつよう》とされているのかを、よく考《かんが》えて、時節相応《じせつそうおう》に主《しゅ》とすべき分野《ぶんや》を学《まな》ぶことに力《ちから》を入《い》れるべきである」

納得《なっとく》した二人《ふたり》であったが、その後《ご》も武芸《ぶげい》の稽古《けいこ》は続《つづ》けたようだ。忠政《ただまさ》は大坂夏《おおさかなつ》の陣《じん》で、大坂方《おおさかがた》の薄田兼相《すすきだかねすけ》（隼人正《はやとのしょう》）や毛利勝永《もうりかつなが》らと戦《たたか》い、苦戦《くせん》しながらも二百《ひゃく》九十二の御首級《みしるし》を挙《あ》げている。忠朝《ただとも》も武芸《ぶげい》に優《すぐ》れ、多《おお》くの軍功《ぐんこう》を挙《あ》げたが、大坂《おおさか》冬《ふゆ》の陣《じん》では目付《めつけ》の指示《しじ》ミスなのに、家康《いえやす》から叱責《しっせき》された。その恥《はじ》をすすごうと、夏《なつ》の陣《じん》では先鋒《せんぽう》を務《つと》め、毛利勝永軍《もうりかつながぐん》に正面《しょうめん》から突入《とつにゅう》、奮戦《ふんせん》して戦死《せんし》している。

大将《たいしょう》、あるいは大名《だいみょう》としての忠政《ただまさ》は、さすがに父《ちち》の教《おし》えをよく守《まも》ったようで、家康《いえやす》から深《ふか》く信頼《しんらい》され、西国《さいごく》の重要拠点《じゅうようきょてん》である播磨国姫路《はりまのくにひめじ》（現《げん》・兵庫県姫路《ひょうごけんひめじ》市《し》）＝十五万石《まんごく》を任《まか》されることとなる。

豆知識《まめちしき》②

忠勝《ただかつ》の槍《やり》のメカニズムは!?

本多忠勝《ほんだただかつ》といえば、

「槍《やり》を取《と》っては天下無双《てんかむそう》」

といわれたが、じつは彼《かれ》は稽古《けいこ》が苦手《にがて》であった。実戦《じっせん》で槍《やり》を合《あ》わせて負《ま》けたことは一度《いちど》もないのに、稽古《けいこ》だと格下《かくした》の相手《あいて》にも負《ま》けてしまう。稽古《けいこ》もへたなら、教《おし》えるのもへたであった。

そんな忠勝《ただかつ》が、実戦以外《じっせんいがい》で腕前《うでまえ》を見《み》せた、数少《かずすく》ないエピソードが残《のこ》っている。

伊勢国桑名《いせのくにくわな》（現《げん》・三重県桑名市《みえけんくわなし》）の藩主《はんしゅ》を隠居《いんきょ》した晩年《ばんねん》、忠勝《ただかつ》は、次男《じなん》の忠朝《ただとも》と一緒《いっしょ》に、小舟《こぶね》で城下《じょうか》を巡視《じゅんし》していた。

一行《いっこう》が芦原《あしはら》に差《さ》しかかった時《とき》、忠勝《ただかつ》は、

「忠朝《ただとも》、その櫂《かい》で芦原《あしはら》を薙《な》いでみよ」

「お安《やす》い御用《ごよう》です」

忠朝《ただとも》が櫂《かい》で芦原《あしはら》を薙《な》ぐと、芦原《あしはら》は大《おお》きく薙《な》ぎ倒《たお》された。

「そんなものか。今度《こんど》はわしじゃ」

（誰《だれ》がやったって同《おな》じことだ）

そう思《おも》いながら、忠朝《ただとも》は櫂《かい》を忠勝《ただかつ》に手渡《てわた》した。忠勝《ただかつ》は気合《きあ》い一閃《いっせん》、芦原《あしはら》を薙《な》ぎ払《はら》った。すると、芦《あし》は折《お》れて倒《たお》れるのではなく、刃物《はもの》で切《き》ったように切断《せつだん》されて、水面《すいめん》に落《お》ちるではないか。

父《ちち》のすごさを戦場《せんじょう》で幾度《いくど》も見《み》たはずの忠朝《ただとも》も、これには驚愕《きょうがく》したという。

これらのエピソードから、忠勝《ただかつ》の強《つよ》さは技《わざ》ではなく、今風《いまふう》にいえば、パワー、スピード、それに集中力《しゅうちゅうりょく》であったようだ。

忠勝《ただかつ》の大力《だいりき》には、別《べつ》のエピソードも残《のこ》っている。

小牧《こまき》・長久手《ながくて》（現《げん》・愛知県小牧市《あいちけんこまきし》と長久手市付近《ながくてしふきん》）の戦《たたか》いの時《とき》のことである。忠勝《ただかつ》は、家来《けらい》の小野田與四郎《おのだよしろう》らを連《つ》れて物見《ものみ》に出《で》た。その時《とき》、突然《とつぜん》に與四郎《よしろう》の馬《うま》が暴《あば》れ出《だ》した。與四郎《よしろう》は落馬《らくば》し、馬《うま》はそのまま駆《か》けていく。

忠勝《ただかつ》は與四郎《よしろう》に駆《か》け寄《よ》り、無事《ぶじ》を確認《かくにん》すると、暴《あば》れ馬《うま》を追《お》いかけた。一同《いちどう》が、どうやって止《と》めるのか、と見守《みまも》っていると、なんと忠勝《ただかつ》は手《て》にした槍《やり》の石突《いしづき》を、暴《あば》れ馬《うま》の手綱《たづな》に絡《から》ませ、力任《ちからまか》せに引《ひ》き寄《よ》せたのである。

力《ちから》の単位《たんい》を「馬力《ばりき》」（人間《にんげん》の平均的《へいきんてき》な力《ちから》は〇・一～〇・二馬力《ばりき》）というくらいであるから、馬《うま》と人《ひと》が綱引《つなひ》きをしたら、普通《ふつう》は馬《うま》の圧勝《あっしょう》である。

しかし忠勝《ただかつ》は、並《なみ》の人間《にんげん》ではなかった。彼《かれ》は楽々《らくらく》とこの綱引《つなひ》きに勝《か》ち、馬《うま》を強引《ごういん》に引《ひ》き寄《よ》せて止《と》めたのである。

豆知識《まめちしき》③

"天下三名槍《てんがさんめいそう》"の由来《ゆらい》とは!?

俗《ぞく》に"天下三名槍《てんがさんめいそう》"と呼《よ》ばれるものがあった。「御手杵《おてぎね》」「日本号《にほんごう》」、そして「蜻蛉切《とんぼぎり》」の三作《さく》である。

三槍《そう》のうち、鞘《さや》の形《かたち》が手杵《てぎね》（棒《ぼう》の中央《ちゅうおう》のくびれた部分《ぶぶん》を握《にぎ》り、まっすぐ搗《つ》く杵《きね》）に似《に》ていたことから名付《なづ》けられた「御手杵《おてぎね》」は、関東大震災《かんとうだいしんさい》で焼失《しょうしつ》し、現存《げんそん》していない。穂長《ほちょう》四尺《しゃく》六寸《すん》（約百《やくひゃく》三十九センチ）の大身《おおみ》の槍《やり》で、室町後期《むろまちこうき》、駿河国《するがのくに》（現《げん》・静岡県中部《しずおかけんちゅうぶ》）の刀工《とうこう》・島田義助《しまだよしすけ》の作《さく》とされている。

「日本号《にほんごう》」は、豊臣秀吉《とよとみひでよし》の軍師《ぐんし》であった黒田官兵衛《くろだかんべえ》（孝高《よしたか》）の重臣《じゅうしん》・母里太兵衛《もりたへえ》友信《とものぶ》が、福島正則《ふくしままさのり》のもとへ遣《つか》いに出《だ》された時《とき》、正則《まさのり》から酒《さけ》を強《し》いられ、大盃《たいはい》を飲《の》み干《ほ》して、正則《まさのり》の秘蔵《ひぞう》とするこの槍《やり》を、取《と》りあげて帰《かえ》ったことで知《し》られていた。「黒田節《くろだぶし》」にも唄《うた》われた、有名《ゆうめい》な逸話《いつわ》である。正親町天皇《おおぎまちてんのう》（第百六代《だいひゃくだい》）より室町《むろまち》幕府《ばくふ》十五代将軍《だいしょうぐん》・足利義昭《あしかがよしあき》が拝領《はいりょう》。その後《ご》、信長《のぶなが》―秀吉《ひでよし》、そして福島正則《ふくしままさのり》へと伝《つた》わったとされている。が、この伝承《でんしょう》はおそらく、後世《こうせい》の付会《ふかい》であろう。

一時《いちじ》、太兵衛《たへえ》から後藤又兵衛《ごとうまたべえ》（基次《もとつぐ》）に移《うつ》り、又兵衛《またべえ》が黒田家《くろだけ》のもとを去《さ》ったおり、再《ふたた》び太兵衛《たへえ》のもとへ。その後《ご》、大正時代《たいしょうじだい》にこの槍《やり》は母里家《もりけ》から離《はな》れ、転々《てんてん》としてついには黒田家《くろだけ》へ献上《けんじょう》された。

「日本号《にほんごう》」は無銘《むめい》ながら、穂長《ほちょう》二尺《しゃく》六寸《すん》一分半《ぶはん》（約《やく》七十九センチ）の長寸《ちょうすん》である。柄《え》の長《なが》さは七尺《しゃく》九寸《すん》六分半《ぶはん》（約《やく》二百《ひゃく》四十一センチ）あった。鍛冶《かじ》が誰《だれ》かについては、諸説《しょせつ》あるようだ。

そして、残《のこ》る「蜻蛉切《とんぼぎり》」は、忠勝《ただかつ》が生涯《しょうがい》愛用《あいよう》した名槍《めいそう》。穂長《ほちょう》一尺《しゃく》四寸《すん》（約《やく》四十三センチ）、樋《とい》（刃《は》の中央《ちゅうおう》の溝《みぞ》）には、梵字《ぼんじ》と三鈷剣《さんこけん》が彫《ほ》られている。三河国《みかわのくに》（現《げん》・愛知県東部《あいちけんとうぶ》）文珠派《もんじゅは》の刀工《とうこう》・藤原《ふじわら》正真《まさざね》の作《さく》であった。

ある戦場《せんじょう》で、槍《やり》を突《つ》き立《た》てていたところ、飛《と》んできた蜻蛉《とんぼ》がその穂先《ほさき》に止《と》まり、身《み》が二《ふた》つに切《き》れたことから、その名《な》がついたという。「蜻蛉切《とんぼぎり》」の柄《え》の長《なが》さは、もともと二丈《じょう》（約《やく》六メートル）あまりあったという。忠勝《ただかつ》が晩年《ばんねん》に三尺《じゃく》（約《やく》九十センチ）あまり柄《え》を詰《つ》めた。その柄《え》には、青貝《あおかい》（薄《うす》い貝《かい》）螺鈿《らでん》の細工《さいく》が施《ほどこ》されていたと伝《つた》えられるが、残念《ざんねん》ながら現存《げんそん》していない。

年表《ねんぴょう》

天文《てんぶん》十七（１５４８）年《ねん》

この年《とし》、本多忠勝《ほんだただかつ》、三河国《みかわのくに》（現《げん》・愛知県東部《あいちけんとうぶ》）の豪族《ごうぞく》・松平家《まつだいらけ》の家臣《かしん》であった本多忠高《ほんだただたか》の長男《ちょうなん》として、三河国岡崎城《みかわのくにおかざきじょう》（現《げん》・愛知県岡崎市《あいちけんおかざきし》）の城下《じょうか》に生《う》まれる。母《はは》は、松平氏《まつだいらし》の家臣《かしん》・植村氏義《うえむらうじよし》の娘《むすめ》。幼名《ようみょう》は鍋之助《なべのすけ》。

この年《とし》、主君《しゅくん》である松平広忠《まつだいらひろただ》の嫡男《ちゃくなん》・竹千代《たけちよ》（のちの徳川家康《とくがわいえやす》）は七歳《さい》で、尾張国《おわりのくに》（現《げん》・愛知県西部《あいちけんせいぶ》）の大名《だいみょう》・織田信秀《おだのぶひで》のもとで人質《ひとじち》となっていた。

天文《てんぶん》十八（１５４９）年《ねん》

三月六日《がつむいか》、主君《しゅくん》・松平広忠《まつだいらひろただ》、三河国西広瀬城《みかわのくにしひろせじょう》（現《げん》・愛知県豊田市《あいちけんとよたし》）の佐久間九郎左衛門《さくまくろうざえもん》が遣《つか》わした刺客《しかく》・岩松八弥《いわまつはちや》によって暗殺《あんさつ》される（異説《いせつ》あり）。享年《きょうねん》、二十四。

同月《どうげつ》十九日《にち》、父《ちち》・忠高《ただたか》、三河国安祥《みかわのくにあんしょう》（現《げん》・愛知県安城市《あいちけんあんじょうし》）の戦《たたか》いで討死《うちじに》。享年《きょうねん》、二十二と伝《つた》わる。以後《いご》、鍋之助《なべのすけ》は叔父《おじ》・忠真《ただざね》のもとで育《そだ》つ。

これ以降《いこう》、鍋之助《なべのすけ》、元服前《げんぷくまえ》に竹千代《たけちよ》に仕《つか》えはじめる。

天文《てんぶん》二十四（１５５５）年《ねん》

※十月《がつ》二十三日《にち》、弘治《こうじ》へ改元《かいげん》

三月《がつ》、主君《しゅくん》の竹千代《たけちよ》が元服《げんぷく》し、松平次郎三郎元信《まつだいらじろうさぶろうもとのぶ》を名乗《なの》る。

弘治《こうじ》三（1557）年《ねん》

この頃《ころ》、松平元信《まつだいらもとのぶ》、名《な》を元康《もとやす》と改《あらた》める。

永禄《えいろく》三（1560）年《ねん》

五月《がつ》、桶狭間《おけはざま》の合戦《かっせん》。鍋之助《なべのすけ》、元服《げんぷく》して平八郎忠勝《へいはちろうただかつ》を名乗《なの》り、同時《どうじ》に、桶狭間《おけはざま》の前哨戦《ぜんしょうせん》として主君《しゅくん》・松平元《まつだいらもと》康《やす》が行《おこな》った尾張国大高城《おわりのくにおおだかじょう》（現《げん》・愛知県名古屋市緑区《あいちけんなごやしみどりく》）への兵糧運《ひょうろうはこ》び入《い》れに参加《さんか》して、初陣《ういじん》を飾《かざ》る。

永禄《えいろく》四（1561）年《ねん》

四月《がつ》、松平元康《まつだいらもとやす》、今川方《いまがわがた》の三河国牛久保城《みかわのくにうしくぼじょう》（現《げん》・愛知《あいち》県豊川市《けんとよかわし》）を攻《せ》め、今川氏《いまがわし》から独立《どくりつ》する意思《いし》を示《しめ》す。
七月《がつ》、忠勝《ただかつ》、三河国長沢《みかわのくにながさわ》（現《げん》・愛知県豊川市《あいちけんとよかわし》）の戦《たたか》いで、はじめて御首級《みしるし》を挙《あ》げる。

永禄《えいろく》五（1562）年《ねん》

正月《しょうがつ》、松平元康《まつだいらもとやす》、織田信長《おだのぶなが》と尾張国清洲《おわりのくにきよす》（現《げん》・愛知県《あいちけん》清須市《きよすし》）で同盟《どうめい》を結《むす》ぶ（清洲同盟《きよすどうめい》）。この時《とき》、忠勝《ただかつ》、交《こう》渉《しょう》のため赴《おもむ》いた清洲城下《きよすじょうか》で、織田《おだ》の家臣《かしん》や町人《ちょうにん》を一喝《いっかつ》する。

永禄《えいろく》六（1563）年《ねん》

七月《がつ》、松平元康《まつだいらもとやす》、主君《しゅくん》であった今川氏《いまがわし》と関係《かんけい》を断《た》ち、名《な》を家康《いえやす》と改《あらた》める。
九月《がつ》、三河一向一揆《みかわいっこういっき》発生《はっせい》。忠勝《ただかつ》、浄土宗《じょうどしゅう》に改宗《かいしゅう》し、家《いえ》康方《やすがた》に従《したが》って戦《たたか》う。

永禄《えいろく》九（１５６６）年《ねん》

この年《とし》、忠勝《ただかつ》、旗本先手役《はたもとさきてやく》に抜擢《ばってき》され、与力《よりき》五十四騎《き》を与《あた》えられる。

十二月《がつ》、家康《いえやす》、三河国《みかわのくに》を統一《とういつ》。従五位下《じゅごいのげ》・三河守《みかわのかみ》の叙任《じょにん》を受《う》け、松平《まつだいら》から徳川《とくがわ》に改姓《かいせい》する。

永禄《えいろく》十一（１５６８）年《ねん》

十二月《がつ》、家康《いえやす》、武田信玄《たけだしんげん》の駿河国《するがのくに》（現《げん》・静岡県中部《しずおかけんちゅうぶ》）進攻《しんこう》に呼応《こおう》して、遠江国《とおとうみのくに》（現《げん》・静岡県西部《しずおかけんせいぶ》）に進攻《しんこう》。遠江領有《とおとうみりょうゆう》をめぐって、信玄《しんげん》と対立《たいりつ》。

永禄《えいろく》十二（１５６９）年《ねん》

五月《がつ》、家康《いえやす》、北条氏康《ほうじょううじやす》と結《むす》んで、遠江国《とおとうみのくに》に侵攻《しんこう》してきた武田軍《たけだぐん》を退《しりぞ》ける。

永禄《えいろく》十三（１５７０）年《ねん》

※四月《がつ》二十三日《にち》、元亀《げんき》へ改元《かいげん》

家康《いえやす》、岡崎城《おかざきじょう》から遠江国浜松城《とおとうみのくにはままつじょう》（現《げん》・静岡県浜松市《しずおかけんはままつし》）に本拠《ほんきょ》を移《うつ》す。

六月《がつ》二十八日《にち》、姉川《あねがわ》の合戦《かっせん》。忠勝《ただかつ》は朝倉軍《あさくらぐん》一万《まん》に対《たい》して一騎駆《いっきが》けを敢行《かんこう》。信長《のぶなが》に「家康《いえやす》が劉備《りゅうび》なら忠勝《ただかつ》は張飛《ちょうひ》」と称《たた》えられる。

元亀《げんき》三（１５７２）年《ねん》

十月《がつ》三日《みっか》、武田信玄《たけだしんげん》の上洛軍《じょうらくぐん》が甲府《こうふ》（現《げん》・山梨県甲府《やまなしけんこうふ》市《し》）を進発《しんぱつ》。
十月《がつ》十三日《にち》、一言坂《ひとことざか》の戦《たたか》い。偵察《ていさつ》に先行《せんこう》した忠勝《ただかつ》、武田《たけだ》の先発隊《せんぱつたい》と交戦《こうせん》。忠勝《ただかつ》、家康《いえやす》の本隊《ほんたい》を逃《に》がすため、しんがりとなって奮戦《ふんせん》、無事《ぶじ》に本隊《ほんたい》を逃《に》がす。
十二月《がつ》二十二日《にち》、三方ケ原《みかたがはら》の戦《たたか》い。忠勝《ただかつ》、しんがりとして奮戦《ふんせん》、家康《いえやす》を逃《に》がす。

元亀《げんき》四（１５７３）年《ねん》
※七月《がつ》二十八日《にち》、天正《てんしょう》へ改元《かいげん》

四月《がつ》十二日《にち》、武田信玄《たけだしんげん》が西上《せいじょう》の途上《とじょう》で病死《びょうし》。享年《きょうねん》、五十三。
九月《がつ》、忠勝《ただかつ》、三河国長篠城《みかわのくにながしのじょう》（現《げん》・愛知県新城市《あいちけんしんしろし》）の攻略《こうりゃく》に参加《さんか》。

天正《てんしょう》二（１５７４）年《ねん》

六月《がつ》、武田勝頼《たけだかつより》、遠江国高天神城《とおとうみのくにたかてんじんじょう》（現《げん》・静岡県掛川市《しずおかけんかけがわし》）を落《お》とす。

天正《てんしょう》三（１５７５）年《ねん》

五月《がつ》二十一日《にち》、忠勝《ただかつ》、長篠《ながしの》・設楽原《したらがはら》の合戦《かっせん》に参加《さんか》。

天正《てんしょう》七（１５７９）年《ねん》

九月《がつ》、家康《いえやす》、北条氏《ほうじょうし》と同盟《どうめい》。

天正八《てんしょう》(1580)年《ねん》

九月《がつ》、忠勝《ただかつ》、高天神城《たかてんじんじょう》攻《ぜ》めに参加《さんか》。翌年《よくねん》三月《がつ》に落城《らくじょう》。

天正十《てんしょう》(1582)年《ねん》

二月《がつ》、家康《いえやす》、信長《のぶなが》と共同《きょうどう》で武田《たけだ》領《りょう》に侵攻《しんこう》。

四月《がつ》、家康《いえやす》、信長《のぶなが》から駿河《するが》を与《あた》えられる。

六月二日《がつふつか》、本能寺《ほんのうじ》の変《へん》で織田信長《おだのぶなが》が自刃《じじん》。享年《きょうねん》、四十九。堺《さかい》に滞在《たいざい》していた家康一行《いえやすいっこう》、忠勝《ただかつ》の進言《しんげん》により伊賀《いが》越《ご》えを敢行《かんこう》し、無事《ぶじ》に三河国《みかわのくに》へ帰還《きかん》。

六月《がつ》十三日《にち》、山崎《やまざき》の合戦《かっせん》にて、羽柴秀吉《はしばひでよし》、明智光秀《あけちみつひで》を討《う》つ。

七月《がつ》、家康《いえやす》は織田《おだ》軍《ぐん》の撤退《てったい》により無主《むしゅ》となった甲斐国《かいのくに》(現《げん》・山梨県《やまなしけん》)・信濃国《しなののくに》(現《げん》・長野県《ながのけん》)に侵攻《しんこう》、上野国《こうずけのくに》(現《げん》・群馬県《ぐんまけん》)・信濃国《しなののくに》に侵攻《しんこう》した北条軍《ほうじょうぐん》と対立《たいりつ》。

十月《がつ》、家康《いえやす》、北条《ほうじょう》氏《し》と和睦《わぼく》。甲斐《かい》・信濃《しなの》の大部分《だいぶぶん》を領《りょう》有《ゆう》するに至《いた》る。

天正十二《てんしょう》(1584)年《ねん》

三月《がつ》、忠勝《ただかつ》、小牧《こまき》・長久手《ながくて》の戦《たたか》いにおいて、尾張国長久《おわりのくにながく》手《て》(現《げん》・愛知県長久手市《あいちけんながくてし》)で勝利《しょうり》した家康本隊《いえやすほんたい》を追撃《ついげき》する八万《まん》の秀吉軍《ひでよしぐん》に、五百《ひゃく》の手勢《てぜい》で立《た》ちはだかり、追撃《ついげき》を阻止《そし》する。

天正《てんしょう》十三（1585）年《ねん》

閏《うるう》八月《がつ》、徳川軍《とくがわぐん》、真田昌幸《さなだまさゆき》らの籠《こも》る上田城《うえだじょう》（現《げん》・長野《ながの》県上田市《けんうえだし》）を攻撃《こうげき》（第《だい》一次上田合戦《じうえだかっせん》）。

十一月《がつ》、家康《いえやす》の重臣《じゅうしん》・石川数正《いしかわかずまさ》、秀吉《ひでよし》のもとに出奔《しゅっぽん》。

天正《てんしょう》十四（1586）年《ねん》

十月《がつ》二十七日《にち》、家康《いえやす》、秀吉《ひでよし》に臣従《しんじゅう》。

十一月九日《がつここのか》、忠勝《ただかつ》、従五位下中務大輔《じゅごいのげなかつかさのたいふ》に叙任《じょにん》（異説《いせつ》あり）。

天正《てんしょう》十七（1589）年《ねん》

この年《とし》、忠勝《ただかつ》の娘《むすめ》・小松姫《こまつひめ》、家康《いえやす》の養女《ようじょ》として、真田信幸《さなだのぶゆき》（のち信之《のぶゆき》）に嫁《とつ》ぐ。

天正《てんしょう》十八（1590）年《ねん》

二月《がつ》、忠勝《ただかつ》、家康《いえやす》に従《したが》って小田原征討《おだわらせいとう》に参加《さんか》。忠勝《ただかつ》、秀吉《ひでよし》から佐藤忠信《さとうただのぶ》（平安時代末期《へいあんじだいまっき》の武将《ぶしょう》）の兜《かぶと》を与《あた》えられる。

この年《とし》、家康《いえやす》、関東《かんとう》に移封《いほう》。忠勝《ただかつ》は、上総国夷隅郡大多喜《かずさのくにいすみぐんおおたき》（現《げん》・千葉県夷隅郡大多喜町《ちばけんいすみぐんおおたきまち》）に、榊原康政《さかきばらやすまさ》と同格《どうかく》の、家臣団第二位《かしんだんだいい》の十万石《まんごく》を与《あた》えられる。

文禄《ぶんろく》四（1595）年《ねん》

この年《とし》、家康《いえやす》、秀吉《ひでよし》の命《めい》で上洛《じょうらく》。以後《いご》、豊臣政権《とよとみせいけん》の中枢《ちゅうすう》を担《にな》う。

慶長《けいちょう》三（1598）年《ねん》

七月《がつ》、家康《いえやす》、豊臣政権《とよとみせいけん》の五大老《ごたいろう》に任《にん》ぜられる。
八月《がつ》十八日《にち》、豊臣秀吉《とよとみひでよし》が病死《びょうし》する。享年《きょうねん》、六十二（異《い》説《せつ》あり）。

慶長《けいちょう》四（1599）年《ねん》

閏《うるう》三月三日《がつみっか》、五大老《ごたいろう》の一《いつ》・前田利家《まえだとしいえ》が病死《びょうし》する。享年《きょうねん》、六十二。
同月《どうげつ》、石田三成《いしだみつなり》が失脚《しっきゃく》し、近江国佐和山城《おうみのくにさわやまじょう》（現《げん》・滋賀《しが》県彦根市《けんひこねし》）で蟄居《ちっきょ》する。

慶長《けいちょう》五（1600）年《ねん》

六月《がつ》、家康《いえやす》、上杉征討《うえすぎせいとう》に出陣《しゅつじん》。忠勝《ただかつ》も従軍《じゅうぐん》。
七月《がつ》、石田三成《いしだみつなり》が家康打倒《いえやすだとう》のため、挙兵《きょへい》。西軍《せいぐん》を形成《けいせい》する。
同月《どうげつ》、家康《いえやす》、下野国小山《しもつけのくにおやま》（現《げん》・栃木県小山市《とちぎけんおやまし》）で評定《ひょうじょう》を開《ひら》き（小山評定《おやまひょうじょう》）、上方《かみがた》に折《お》り返《かえ》す（東軍《とうぐん》を形成《けいせい》）。
八月《がつ》、忠勝《ただかつ》、美濃国竹ケ鼻城《みののくにたけがはなじょう》（現《げん》・岐阜県羽島市《ぎふけんはしまし》）・美《み》濃国岐阜城《のくにぎふじょう》（現《げん》・岐阜県岐阜市《ぎふけんぎふし》）の攻略《こうりゃく》に参戦《さんせん》。また、書状《しょじょう》による工作《こうさく》にも積極的《せっきょくてき》に参加《さんか》。
九月《がつ》十五日《にち》、関ケ原《せきがはら》の合戦《かっせん》。忠勝《ただかつ》、五百《ひゃく》の手勢《てぜい》で九十の御首級《みしるし》を挙《あ》げる。この日《ひ》の戦《たたか》いで、東軍《とうぐん》は大勝《たいしょう》する。戦《せん》後《ご》、忠勝《ただかつ》の戦《たたか》いぶりを称《たた》える福島正則《ふくしままさのり》に「敵《てき》が弱《よわ》すぎ

	た」と返《かえ》す。 この年《とし》、東軍《とうぐん》に与《くみ》した真田信幸《さなだのぶゆき》に協力《きょうりょく》して、西軍《せいぐん》として関ケ原《せきがはら》を戦《たたか》った、真田昌幸《さなだまさゆき》・幸村《ゆきむら》（正《ただ》しくは信繁《のぶしげ》）父子《ふし》の助命《じょめい》を嘆願《たんがん》。
慶長《けいちょう》六（1601）年《ねん》	この年《とし》、忠勝《ただかつ》、関ケ原《せきがはら》の戦功《せんこう》により、伊勢国桑名《いせのくにくわな》（現《げん》・三重県桑名市《みえけんくわなし》）十万石《まんごく》に移封《いほう》される。旧領《きゅうりょう》のうち五万石《まんごく》は次男《じなん》・忠朝《ただとも》に与《あた》えられた。 この年《とし》、忠勝《ただかつ》、桑名《くわな》で城郭《じょうかく》の修築《しゅうちく》や町割《まちわ》り・宿場《しゅくば》の整備《せいび》に尽力《じんりょく》、桑名藩創設《くわなはんそうせつ》の名君《めいくん》と仰《あお》がれる。
慶長《けいちょう》九（1604）年《ねん》	この年《とし》、忠勝《ただかつ》、病《やまい》にかかり隠居《いんきょ》を申《もう》し出《で》るが、家康《いえやす》が慰《い》留《りゅう》したことで踏《ふ》み止《とど》まる。
慶長《けいちょう》十二（1607）年《ねん》	この年《とし》、忠勝《ただかつ》、眼病《がんびょう》にかかる。
慶長《けいちょう》十四（1609）年《ねん》	六月《がつ》、忠勝《ただかつ》、嫡男《ちゃくなん》・忠政《ただまさ》に家督《かとく》を譲《ゆず》り隠居《いんきょ》。
慶長《けいちょう》十五（1610）年《ねん》	十月《がつ》十八日《にち》、忠勝《ただかつ》、桑名《くわな》で死去《しきょ》。享年《きょうねん》、六十三。

参考文献《さんこうぶんけん》

加来耕三の戦国武将ここ一番の決断　加来耕三著　滋慶出版／つちや書店
徳川三代記　加来耕三著　ポプラ社
豊臣秀吉大事典　加来耕三監修　新人物往来社
現代語訳　武功夜話〈信長編〉　加来耕三編　新人物往来社
現代語訳　武功夜話〈秀吉編〉　加来耕三編　新人物往来社
現代語訳　名将言行録〈軍師編〉　加来耕三編　新人物往来社
現代語訳　名将言行録〈智将編〉　加来耕三編　新人物往来社
講談社＋α文庫　真田と「忍者」　加来耕三著　講談社
人物文庫　関ヶ原大戦　加来耕三著　学陽書房

著者略歴

加来耕三：企画・構成・監修

歴史家・作家。1958 年、大阪府大阪市生まれ。1981 年、奈良大学文学部史学科卒業。主な著書に、『卑弥呼のサラダ 水戸黄門のラーメン 「食」から読みとく日本史』、『財閥を築いた男たち』、『徳川三代記』、『if の日本史「もしも」で見えてくる、歴史の可能性』（すべてポプラ社）、『歴史に学ぶ自己再生の理論』（論創社）、『刀の日本史』（講談社）、『誰が、なぜ？　加来耕三のまさかの日本史』（さくら舎）など多数あるほか、「コミック版 日本の歴史シリーズ」（ポプラ社）の企画・構成・監修やテレビ・ラジオ番組の監修・出演も行う。

井手窪 剛：原作

歴史研究家。1972 年、愛媛県久万高原町生まれ。大阪外国語大学（現・大阪大学）デンマーク・スウェーデン語学科卒業後、歴史書籍の企画・編集を経て、加来耕三事務所に入社。自らの著作活動をしながら、加来耕三の著作・テレビ出演をサポートしている。携わった本に『幕末・維新人物伝 徳川慶喜』、『江戸人物伝 天草四郎』、『幕末・維新人物伝 由利公正』（すべて「コミック版 日本の歴史」ポプラ社）のほか、『そのときどうした !? クイズ歴史英雄伝③ 徳川家康』（加来耕三 監修・井手窪 剛 文／ポプラ社）などがある。

かわの いちろう：作画

漫画家。大分県生まれ。『週刊少年サンデー超《スーパー》』（小学館）にてデビュー。時代劇作品を中心に活躍中。主な作品に、『隠密剣士』（集英社）、『忍歌』（日本文芸社）、『赤鴉 隠密異国御用』、『信長戦記』、『後藤又兵衛 黒田官兵衛に最も愛された男』、『舞将真田幸村 忍び之章』（すべてリイド社）などがある。

コミック版 日本の歴史53
戦国人物伝
本多忠勝

2016年９月　第１刷
2025年４月　第11刷

企画・構成・監修　加《か》来《く》耕三《こうぞう》
原　　　　　作　井《い》手《で》窪《くぼ》 剛《ごう》
作　　　　　画　かわの いちろう

カバーデザイン　竹内亮輔＋梅田裕一〔crazy force〕

発　行　者　加藤裕樹
編　　　集　大塚訓章
発　行　所　株式会社ポプラ社
〒141-8210　東京都品川区西五反田3-5-8　JR目黒MARCビル12階
URL　www.poplar.co.jp
印　刷　所　今井印刷株式会社
製　本　所　島田製本株式会社
電 植 製 版　株式会社オノ・エーワン

ISBN978-4-591-15133-4 N.D.C.289 127p 22cm　Printed in Japan

P7047053

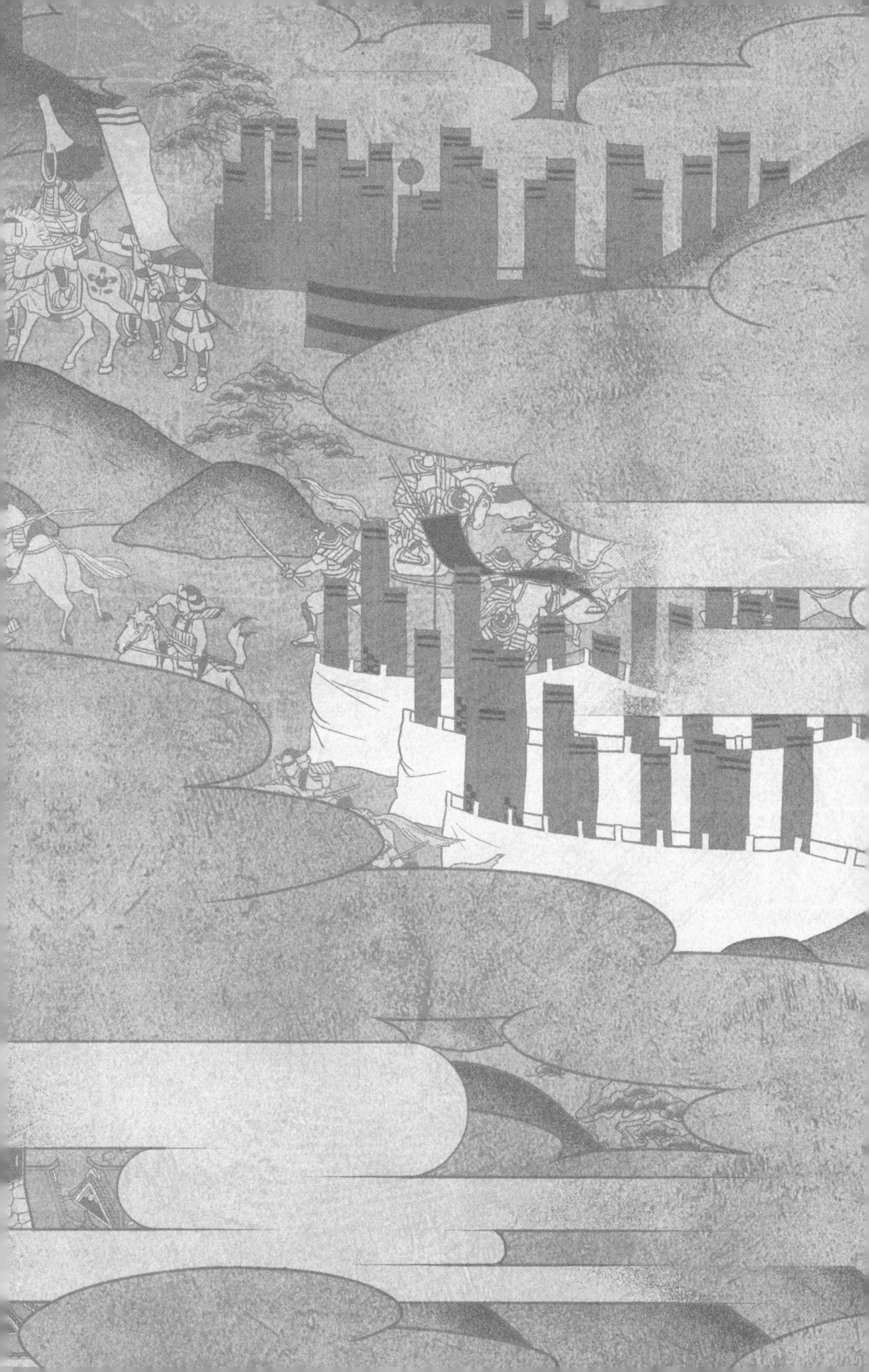